Ⓢ新潮新書

清永 聡
KIYONAGA Satoshi

気骨の判決

東條英機と闘った裁判官

275

新潮社

【凡例】

判決文、新聞、書籍などの引用にあたっては一部を除き、旧仮名遣いを新仮名遣いに、旧字を新字にあらため、片仮名を平仮名にし、一部の漢字を変更、あるいは平仮名にした。また読みやすくするため、送り仮名と句読点を適宜ほどこした。

まえがき

国会議員を選ぶ選挙で、政党が存在しない。

その代わりに、事実上政府が定員と同数の候補者を推薦する。

もちろん気に入らなければ、その人に投票しなければいい。しかし、推薦候補者の選挙費用は国が出し、選挙運動は警察、道府県、市町村、さらには自治会レベルで後押しされている。地域によっては推薦候補者に投票しないと非国民と呼ばれてしまい、配給を止めるぞと脅される。さらに、誰に一票を投じたか調査される所まである。

どこかの独裁国家の話ではない。

日本で実際にあった選挙である。昭和十七年の衆議院議員選挙がそうだった。

主導したのは、当時の東條英機内閣であった。東條は「翼賛政治体制協議会」という組織を作らせ、要請を受けたこの〝翼協〟が、候補者の推薦を行う形をとっている。

当時の全国推薦候補者名簿が、国会図書館に残されている。推薦候補の半数以上は現職で、新人は地方議員、陸海軍関係者、官僚OB、それに財界人などが並ぶ。いずれも、政府に従い、一致協力して議会の運営にあたると判断された人たちである。

共産党はとうに非合法化されて事実上壊滅していたし、そのほかの政党も自主解散していた。有権者にとって、どの政党の候補を選ぶか、という選択肢はない。その代わりが《推薦候補》か《非推薦候補》かを選ぶものであった。

推薦を受けなかった候補者は、別に過激思想の持ち主でもない。

時局に非協力的だとされた政治家は、鳩山一郎、尾崎行雄、三木武夫、斎藤隆夫、大野伴睦《ばんぼく》、片山哲、さらには二階堂進もいる。後の首相だけでなく、その後の所属政党も自民、社会、民社と幅広い。共通しているのは、いずれも日本の戦後政治を担った人材だということだ。

その多くが非推薦の烙印《らくいん》を押され、選挙活動で自治体や警察から様々な妨害を受ける。ある者は無実の罪で起訴され、ある者はろくに演説会を開くこともできず、多くが落選した。何とか当選して議場にたどり着くことができた議員も、ほとんどが軍部に逆らうことはできず、口を閉ざすしかなかった。

後に翼賛選挙と呼ばれるこの選挙では、推薦候補の八割が当選し、議場は圧倒的な数の推薦議員で占められた。

当時の内閣はなぜ、こんな強引な手段を取る必要があったのだろう。それは、軍部に対する議会の批判を封じてしまいたい、という思いがあったからだとされる。軍の方針に議会が異を唱えることで政策決定に時間がかかれば、戦争遂行上多大な支障があるというのだった。

百パーセントではないけれども、圧倒的多数の推薦候補者が議席を得たことで、東條内閣の目論見はある程度達成される。

戦時中の議会は、数の上では内閣の提出する法案を、否決することが不可能となった。一部の議員がなお貴重な抵抗を続けたが、戦争の泥沼へと邁進《まいしん》する政府に議会が歯止めをかける機能は、事実上失われたと言っていい。

三権分立のうち「行政」と「立法」が、いわば一体となってしまったのである。

そんな戦争も末期となる、昭和二十年三月。

突如、この翼賛選挙を無効だとする判決が言い渡された。それも、三権の残る一つ、「司法」の最高機関であり、戦後の最高裁判所にあたる大審院での判決だった。

言い渡したのは、当時の大審院第三民事部の裁判長、吉田久《ひさし》である。

判決文の舌鋒は、極めて鋭い。

——不法選挙運動は、組織的かつ全般的に行われた
——推薦候補者の当選を期するために選挙運動をなすことは、憲法および選挙法の精神に照らし、大いに疑《ぎ》の存する所

仮にこれが大審院の判決でなく、一般の公刊物であれば、間違いなく出版が許されなかっただろう。判決は戦時中も議会政治を維持しようと苦闘していた人々から、高く賞賛された。現実に無効とされた選挙区では、戦争末期にもかかわらず、衆議院議員選挙がやり直されている。

様々な圧力を受けながら、勇気ある判決を言い渡した大審院判事の吉田久だが、言い渡しのわずか四日後、あたかも追われるように職を去る。

そして判決の原本は、まもなく行方不明となったのである。

戦後になって、弁護士の元にあった判決文の写し書きは見つかったが、判決原本が不明であるがゆえに、のちに最高裁判所が編纂した『大審院民事判例集』にも、判決は掲載されなかった。この判例集には、判決があった事実すら記されていない。今もなお、現役の法曹関係者の中で、この判決を読んだことがある者はほとんどいない。

このため、吉田の業績は「幻の判決」と呼ばれることになる。


軍部の暴走が続き、議会がこれを阻止する力を事実上奪われた時代。同時に国民にとって、もっとも重要な権利であるはずの選挙権までが、妨害にさらされていた。その「翼賛選挙」とはどのようなものだったのか。そして、戦時中にもかかわらず、政府を厳しく批判し、国民の権利だけでなく司法の独立をも守った大審院判事、吉田久。彼はどのような人物であり、なぜ、国家に逆らう判決を書くことができたのか。

そして「幻」とされた判決原本は、いったいどうなったのだろうか——。

気骨の判決　東條英機と闘った裁判官●目次

大審院判事　吉田久
（昭和14年・中央大学大学史編纂課所蔵資料）

第一章　「こんな選挙が、許せるか！」

シャンデリアの「伝説」

東京の中心部、皇居の桜田門から南に歩き出すと、すぐ左手に赤い煉瓦《れんが》造りの巨大な建物が見えてくる。ドイツ人建築家ヘルマン・エンデとヴィルヘレム・ベックマンが設計し、明治二十八年に完成したかつての司法省だ。

国の重要文化財で、現在も法務省の建物として使われている。実際には法務、検察当局の大部分は、その東側にある合同庁舎のビルに機能を移しているため、建物への人の出入りは少ない。

そこからさらに二百メートルほど歩けば、隣の敷地に無機質でねずみ色の十九階建てのビルがそびえている。日本で最大の裁判所、東京地方裁判所と東京高等裁判所の合同庁舎である。

通りに面した西玄関付近は、昼間であれば裁判の当事者や関係者、それに弁護士など

赤煉瓦の法務省。右奥に見える東京地高裁合同庁舎ビルの場所にかつて大審院があった。

が慌ただしく行き交っている。時に建物前の歩道では裁判の支援者による旗出しや、マイクロホンでの演説、即席の集会などが開かれ、常に喧噪《けんそう》に包まれている。静かな隣の文化財とは対照的だ。

　社会のあらゆる争いが持ち込まれ、凝縮される裁判所。玄関を入ればロビーの高い天井が、人々の重いざわめきを反響させている。そこから東に向かって中央付近のエレベーターに繋がる通路まで歩いていくと、それはある。

　天井から、巨大なシャンデリアが吊されているのだ。直径は二メートル七十五センチ、一トンの重量を数本の鎖が支えている。十二角形の笠が二層重なったコマのような形をしている。真下から見上げると、放射状に広がる枠に沿って、大小のガラスが複雑にはめ込まれ、慌ただしい空気の中で、そこだけが微塵も動かない異質な荘厳さを感じさせる。

　このシャンデリアは、かつてここに戦前の大審院、そして戦後の最高裁判所が存在した名残りである。

裁判所のロビーを飾るシャンデリア（東京高裁ホームページより）

　大審院は隣にあった司法省、現在の法務省と並んで建てられていた。よく似た赤煉瓦の洋風建築で、モスクを思わせる尖塔《せんとう》部が特徴だった。戦災で内部が焼失した大審院は、昭和二十四年に建物を修復し、最高裁判所になる。今残るシャンデリアは、落成時に戦後の裁判の復興を祈念して新調されたものだ。最高裁は、昭和四十九年にここから九百メートルほど離れた隼町《はやぶさちょう》に移転した。取り壊された最高裁の跡地に建てられたのが、この東京地裁と東京高裁の合同庁舎なのだが、シャンデリアだけは、この地にとどめられたのである。だから普段は、飾られているだけで明かりは灯されない。

ただし、「司法記者の間では、ある「伝説」がある。

このシャンデリアにスイッチが入り、光を放つ時があるというのだ。それは退任する最高裁判事が、東京高裁の長官に挨拶に訪れた時という説と、年度末に転勤する職員を見送る時という説。さらには外国からの賓客《ひんきゃく》を迎える時に灯されるという説もある。

司法クラブの記者だったころ、私はある年度末、夜までロビーの下で粘ったことがある。

しかし、いつまでたっても巨大なガラスの固まりは重そうにぶら下がったままで、輝くことはなかった。伝説は本当なのかどうか、ベテラン判事に尋ねたこともある。その人はふふんと笑い「おもしろいことを聞くね」と否定も肯定もしなかった。

ある職員によればこのシャンデリア、今も電源は繋がっており、点検も定期的にされているという。

大審院（『裁判所百年史』より）

かつての大審院内部を写した、古い写真がある。入り口は重厚な門構えで、西側の大玄関には広い車止めがあった。

煉瓦と石柱で組み立てられたアーチをくぐれば、大理石の石畳が敷かれた玄関ホールから、巨大な中央階段が伸びている。階段は中空の踊り場で三方に分かれる造りになっていた。このレイアウトは、戦後最高裁判所になってからも、基本的には同じである。現在あるシャンデリアは、この踊り場の上に吊されていた。

さらに階段をまっすぐ上ると、突き当たりが大法廷、右に曲がれば各民事部の部屋が並んでいる。戦前、上告された裁判記録は箱に積み込まれ、職員が台車に乗せて各部へと運び込んでいたという。当時の大審院は増減こそあれ、民事部が五部、刑事部が四部あった。どこにどの訴訟や事件が係属されるかは順塡《じゅんてん》（順番に割り振られる）である。

昭和十七年の春も、この作業は同じだっただろう。事件係を経て階段を上った台車は二階の各部へ入っていき、書記に書類が手渡される。そこまではいつもの作業だ。

ただ、違うのは一つ。

手渡された書類が、上告趣意書でも上告状でもなく、「衆議院議員選挙ノ効力ニ関スル異議事件」という、一風変わった名前の〝訴状〟だったことである。

反対の声の出ない議会

初めて衆議院議員選挙が行われたのは、明治二十三年である。ただし、それから四十年近く、一票を投じることができるのは一定の税金を納めた男性に限られていた。この納税資格制限が取り払われたのは、大正十四年。普通選挙法が成立してからのことだ。

普通選挙になって初めての国政選挙が、昭和三年の衆議院議員選挙だった。有権者の数は前回の三百万人から千二百万人に増加し、選挙制度も、これまでの小選挙区制度から、選挙区ごとの定員が三人から五人のいわゆる中選挙区制度になっている。この中選挙区制は戦後の一回を除いて平成五年の総選挙まで続く。

ただ、普通選挙の初期には買収や汚職が相次ぎ、社会問題となった。このため犯罪への取り締まりが、強化されることになった。中央には選挙粛正《しゅくせい》中央連盟が、各道府県には選挙粛正委員会が作られ、パンフレットや講演会などを通じて、買収の根絶や棄権の防止が訴えられた。従って昭和十一年と翌年に行われた二度の総選挙は、「粛正選挙」と呼ばれる。

不正防止というだけならば、良いことのようにも思える。ただし、当時の内務省が主導した粛正選挙は、結果として政府に「選挙統制」という機能を与えることになった。国への対決姿勢を示す候補、とりわけ無産政党の候補者に対する取り締まりが強化されたり、在郷軍人会や青年団が、集会などに動員されるようになったためである。また、既成政党の腐敗が運動の発端だっただけに、選挙戦では政党色が弱められていった。候補者も摘発を恐れて、選挙粛正中央連盟の顔色をうかがうようになり、政府批判を避けるようになった。

粛正選挙で培《つちか》われた団体の動員や、特定候補への干渉といったノウハウは、次の総選挙で大いに活用されることになる。

太平洋戦争中、一度だけ衆議院議員選挙が行われている。それが昭和十七年四月のいわゆる「翼賛選挙」である。

実際の任期切れは一年前の昭和十六年四月だった。だが、総理大臣の近衛文麿は法律を制定し、衆議院議員の任期を一年延長していた。近衛内閣が法律を作ってまでも、選挙を先延ばしにしたのは、なぜだったのか。

昭和十二年の前回選挙直後に盧溝橋《ろこうきょう》事件が起き、日中戦争が始まっていた。軍部は戦線を拡大し、泥沼化している。内閣は戦争中に選挙によって世論が分断されることを恐れ、国内の混乱を避けるべきだと判断したのが、選挙延期の理由だった。

このころから「翼賛議会体制の確立」が訴えられるようになる。

翼賛議会と言っても、今ではほとんどの人はピンと来ないだろう。簡単に言えば、国の方針に議員が全員一致して賛成する議会のことである。

反対する議員はいない。全員意見が一致するから政党も必要ない。したがって与党も野党もない。そんな議会のことだ。

近衛は昭和十五年八月に発表した声明の中で、こう述べている。

「今やわが国は世界的大動乱の渦中において、東亜新秩序の建設という未曾有の大事業に邁進しつつある。（中略）高度国防国家の基礎は、強力なる国内体制にあるのであって、ここに政治、経済、教育、文化などあらゆる国家国民生活の領域に於ける新体制確立の要請があるのである」

「かかる新体制に含まるるものとしては、まず統帥と国務との調和、政府部内の統合及び能率の強化、議会翼賛体制の確立などが挙げられねばならぬ」（傍点筆者）

近衛内閣が中心となったこうした動きは、新体制運動と呼ばれた。

しかし、ここでも強く述べられている翼賛議会、つまり反対の声を出さない議会を作るには、どうすればよいのだろうか。現に、この間の国会は、議会政治を守ろうとした議員たちが政府や軍部に対して、懸命な抵抗を続けていたのである。

　昭和十三年に国家総動員法案が提出されている。戦争を遂行するために、国家の全ての経済活動などを政府が統制できるという法律だった。労働条件、物資の生産や配給、そして言論出版が政府のコントロールの元に置かれることになる。国民の生活全てを、戦争のために捧げよという法律だった。

　当初多くの議員はこれに抵抗した。国防の目的を達するためとはいえ、広範囲にわたって国民の自由や財産を制限するのは、憲法上問題があるという主張がわき起こったのである。また、この法案は国民生活に関わる重要な決定が、政府自ら行えるようになっていた。

　議員たちから見れば、議会をないがしろにするものと映ったのは当然だ。当時の二大政党であった立憲政友会（以下政友会）、立憲民政党（以下民政党）ともに反対している。憲法違反という言葉は、法案を通したい政府にとっても痛い。

　昭和十三年二月、衆議院本会議に法案が上程された段階で共に論客である民政党の斎藤隆夫（戦後国務大臣）や政友会の牧野良三が、法案の撤回を烈《はげ》しく求めた。混乱のうちに議会は散会となっている。

　だが翌月の委員会で事件が起きる。

陸軍省軍務局の佐藤賢了《けんりょう》中佐が、法案の趣旨を説明中に、議員のやじに対し「黙れ！」と怒鳴りつけたのである。政府委員、それも佐官クラスが国会議員を怒鳴りつける前代未聞の事態に対し、さすがに翌日、陸軍大臣の杉山元《はじめ》は陳謝する。

後に軍部の増長を象徴すると言われたこの事件の後、民政党、政友会の対応は急に変わっていった。軍部の圧力に加えて、首相の近衛文麿が新党を作って、解散も辞さないという態度に出たことなどが原因だとされている。ここで解散され、近衛新党が出現すれば両党は大幅に議席を奪われかねない。いわゆる「黙れ事件」から三週間後には、国家総動員法は原案のまま、可決された。

昭和十五年二月には、民政党の斎藤隆夫が、今度は内閣や軍部の問題点を一時間半にわたって精緻《せいち》に追及する大演説を行っている。のちに「反軍演説」と呼ばれたこの演説を、陸軍は聖戦への侮辱だとして攻撃した。記録は削除され、斎藤は議員を除名されるに至る。

削除された斎藤演説は次のようなものだった。

「ただいたずらに聖戦の美名に隠れて、国民的犠牲を閑却し、曰く国際正義、曰く道義外交、曰く共存共栄、曰く世界の平和、かくのごとき雲を摑むような文字を列《なら》べ立てて、そうして千載一遇の機会を逸し、国家百年の大計を誤るようなことがありましたならば、現在の政治家は死してもその罪を滅ぼすことはできない」

斎藤の言葉は軍部への批判だけでなく、議会政治が失われることに対する怒りをも感じさせる。だがその行動は報われることがなかった。新体制運動は政党の解消をもたらし、八月までに民政党や政友会などが自主的に解党したのである。

ついに、「与党」も「野党」もなくなった。

替わって成立したのが、大政翼賛会だった。

翌年、昭和十六年十月に東條内閣が発足する。

東條英機は陸軍大臣として、前年から国会の様子を議場で見ていた。彼の目には一部議員の〝暴走〟は、苦々しく映ったに相違ない。

この時期、アメリカとの開戦がいよいよ現実味を帯びていた。日本は全てを戦争に注ぎ込むことが必要であった。それは物質的な面だけではない。全ての国民が、精神的にも政府に従順であることが求められた。

それに不可欠なのは、あの「議会翼賛体制の確立」である。国策に沿って全議員が賛成し、おとなしく言うことを聞く国会でなければならない。政党の解散は、いわばその準備段階といってよい。

政府にとって次に進めるべきは、戦争遂行に異を唱えかねない国会議員の排除であった。

幸い、選挙は一年間延期され、まだ行われていない。それにこれまでの粛正選挙で、警察や住民組織の利用など、選挙をコントロールする手法は蓄積されているのだ。

昭和十七年二月に、東條は一部の議員や陸海軍の幹部、それに財界や大政翼賛会の幹部など三十名あまりを官邸に招いた。選挙に向けて協力を依頼するためである。

これに応じて「翼賛政治体制協議会」が作られた。会長には元首相の阿部信行陸軍大将が就任した。この〝翼協〟は政事結社としての届け出を行うと共に、全国の道府県に支部を作る。支部長には軍関係者が多く含まれていた。

次に翼協は、全国で議員定数と同じ四百六十六人を「推薦候補」として掲げた。推薦候補者の内訳は、現職が二百三十五人、新人が二百十三人、元議員が十八人である（資料によって内訳は若干変動する）。

当初は新人候補の大幅増加を望む意見も出たが、現実に推薦された候補は、過半数が現職だった。これは当選の可能性が高い候補者を選定せざるを得なかったためだろう。推薦を受けた新人候補は地方議員や官僚、それに財界や軍関係者が多い。いずれにせよ政府の意を強く受けた選考結果であり、翼協との連携の上で、事実上、行政府が立法府の候補者を推薦することに等しい。

推薦する際の判断基準は、「翼賛議会確立のため積極的に協力する人間」かどうかであった。当初新人が望まれたのも、こうした当局の意向を、より従順に聞いてくれると考えたからだろう。

一方で政府に対して口うるさい議員がいる選挙区については、その議員を推薦から外し、「非推薦候補」という名称を与える一方で、政府に従う推薦候補を〝刺客〟として送り込んだのである。あとは、全力で推薦候補を支援して当選させれば、うるさい議員たちは合法的に排除することができる。

ただし、こうした推薦制度は、当局による一方的な認定という側面もあった。現実に推薦候補として当選した議員の中にも、当局の認定とは逆に東條と距離を置き、時には非推薦候補と行動を共にする者もいたのである。

この選挙での立候補者は、全国で千七十九人に上った。普通選挙が始まって以来最多である。

推薦候補者が四百六十六人だから、六割近い六百十三人は、非推薦で選挙戦に臨んでいる。非推薦であっても、立候補までは制限されなかった。だからといって公正な選挙だというのは、早計だろう。いくら立候補しようとも、彼らが当選しなければいいのだから。

この時、推薦を受けなかった政治家の顔ぶれを見てみる。

もっとも目立つのは、片山哲、鳩山一郎、芦田均、三木武夫という四人の戦後の総理が含まれている点だ。

それだけではない。星島二郎（戦後衆院議長）、安藤正純（戦後文相）、河野一郎（戦後建設相）、一松定吉《ひとつまつさだよし》（戦後厚生相）、西尾末広（戦後民社党を結成）、犬養健（戦後法相）、世耕弘一（戦後経済企画庁長官）など、自民党を中心に、戦後政治を担った多くの人材が、この時期には非推薦の烙印によって、追放されようとしていた。

他にも「非推薦」とされた人々の顔ぶれは多彩だ。〝憲政の神様〟尾崎行雄。戦後右翼活動家として知られることになる赤尾敏《びん》。東方会総裁で後に東條批判を行って自殺する中野正剛《せいごう》。日本船舶振興会会長を務めた笹川良一。戦後自民党副総裁となる二階堂進もこの時は初出馬。「洋行帰りのアメリカかぶれ青年」と呼ばれてやはり非推薦組だった。もちろん、「反軍演説」を行って除名された斎藤隆夫も、推薦されていない。

推薦、非推薦という分水嶺がどこにあったのか。その顔ぶれから見てみると、政府が特定のイデオロギーを排除しようとしているのではないことが分かる。

警視庁情報課が作成したと推定される「衆議院議員調査表」という文書がある。各議員の動向や発言を身辺調査したもので、現実に翼協が候補者の推薦を行う上で、参考資料の一つになったものと見られている。

ここでは議員が甲乙丙でランク付けされている。甲は「時局に即応し、代議士の職務を完遂しうる者」。乙は「時局に順応し、国策を支持する者」。そして丙が「反国策的・

反政府的言動をなし、代議士として不適当なる人物」である。

これを見ると、鳩山も尾崎も、さらに芦田も片山も「丙」である。当局は右翼も左翼もリベラリストも関係なく、とにかく政府に反発し、議会を活性化させかねない人間は、国会議員に不適任だと考えていたことがこの資料からはうかがえる。逆に、うるさいことを言わない、政府や軍部の方針に従い、翼賛議会の一員として出された法案をおとなしく通しそうな候補を、一方的に審査し、選んでいたのだ。


こうした動きに抵抗する政治家たちもいた。

既に政党は消滅していたが、なお院内会派は残っていた。特に、日米開戦直前の昭和十六年十一月、東條内閣に同調できないとする鳩山一郎らが「同交会」を結成したのである。

同交会には鳩山や安藤正純、芦田均、片山哲など三十七人が加わっている。その多くは、「反軍演説」を行った斎藤隆夫の除名問題でも反対、あるいは棄権していた議会人であった。旧政党の枠を超えて人材が集まったのは、いずれも議会政治を堅持するという共通の目標を掲げたためでもあった。

同交会のメンバーは、翼賛選挙直前に「候補者の推薦制度は官製議会を作る恐れがある」、「憲法の精神と国家の危局である」などとする声明を発表し、翼賛選挙の危険性を伝えようとしている。

翼賛議会を作ろうとする東條内閣と敵対した鳩山らの同交会は、特に政府から目の敵にされた。同交会の三十七名のうち、翼賛選挙に立候補したのは二十九名であるが、全員が非推薦候補とされた。

選挙に向けた政府の準備は、着々と進んでいる。なんといっても、推薦候補者を当選させなければ、目的は達せられない。

このため翼協は全国の道府県を通じて、市町村から部落会に至るまで、選挙への協力を行うよう呼びかけた。これこそ「粛正選挙」で培った手法だった。

さらには推薦候補者に、一人あたり五千円の選挙費用まで支給された。戦後の証言で、これは臨時軍事費から出されたことが明らかになっている。

妨害と干渉の翼賛選挙

投票直前の昭和十七年四月二十七日。今も残る日比谷公会堂は満員の聴衆で埋まった。その名も「翼賛選挙貫徹大講演会」が開かれたのである。既に太平洋戦争は始まり、日本軍は連勝を重ねていた。勝ちいくさの中で壇上に上がった東條英機は語る。

「民間においては候補者の推薦制が採られることとなり、これによって、ひろく大政翼賛の人材を推薦せんとする貴い努力が払われることとなったのである。私は民間におけるかくのごとき推薦制の活用が、今次の総選挙の画期的な意義をなすものであり、さらに今後のわが国の国情にふさわしき日本的選挙を実現する上に、大いなる貢献と示唆をもたらすものであることを深く信ずるものである」

「（中略）国民諸君、願わくは南北万里の戦線にある将兵の労苦を思い、国民一致協力の体制を確保し、前線将兵をして後顧の憂いなく征戦の事にあたらしむるに至らんことを切望して止まない」

（傍点筆者）

演説は、レコードになって保存されている。独特の甲高い声に、聴衆の喝采が重なって、音声は極めて聞き取りにくい。

この中で東條は、推薦制度をあくまで「民間における」と言っている。さすがに三権分立を骨抜きにする推薦制度を、政府が作らせたとは言えなかったのだろう。それでも〝民間が作った〟とする推薦候補制度を、内閣総理大臣が支持することを公言している。

そして戦勝気分の国民に対し、選挙を戦争と結びつけ、戦争に勝つためには推薦候補への投票が欠かせないとの発言をし、演説を締めくくっている。

拍手は満場を包み、しばらくやむことはなかった。

この選挙に対し、国会で直接東條に向かって批判の声を上げた議員もいる。その代表が、貴族院議員の大河内輝耕《きこう》である。大河内自身は子爵であり、貴族院であるため選挙とは無縁であった。だが、立憲主義を主張し続け、国会では常に長文の質問を行うことで有名だった大河内は、昭和十七年三月に、東條をこう問いただしている。

大河内「今度推薦選挙ということがございますが、これの標準がはなはだ不明なんであります。（中略）ややもすれば推薦が偏るおそれがある。ことによったら、良い人が推薦されないようにならぬとも限らない。（中略）地方の実状を聞きますというと、ずいぶんいろいろな所があります。まさか非合法的な干渉はないでしょうが、官憲の干渉の声は始終聞きます」
議長（松平頼寿《よりなが》）「大河内君、選挙の請願に関したことだけにどうぞ願います……」
大河内「もしこれが濫用されると、選挙干渉になります。（中略）政府がこれに対して非常な熱意を持っていられる、その熱意に対しては、我々も敬意を表する、また推薦委員の方々がこれに非常に骨を折っていられることについても、敬意を表する。ただ、その手段におきましての意見の相違でございますから、意見の相違と言うよりも……意見の相違が世の中にあるから、これを明らかにしておきたいというにすぎませぬ。政府のご意見のあるところをお示しを願いたいと存じます」

推薦制度は官憲の横暴を招き、選挙干渉を誘発しやすい。大河内は公示の前から、翼賛選挙の本質を見抜いていた。制止しようとする議長を振りきって、言葉遣いに注意をはらいつつ質問を続けた。その指摘に、東條自身が登壇せざるを得なくなる。

国務大臣（東條英機）「大河内子爵のご質問に対してお答え致します。（中略）皇国のこの未曾有の重大時機において施行せられるところの今次の総選挙の目標は、大東亜戦争完遂のために、大政翼賛の熱意に燃ゆる積極有為なる人材が議会に動員せられ、これによって清新にしてしかも強力なる翼賛議会の確立を図るにあるのであります。（中略）政府は広く民間各層有識経験者の人士を招請をしてその工夫と尽力、これを依頼したのであります。かくてこれらの人士において研究工夫を重ねられたる結果、翼賛政治体制協議会なるところの団体を組織せられ、これを中心選挙母体として、全国的組織の下に最適候補者を推薦するの方法を採ることに決定せられ、目下着々これが組織運営にあたられつつあるのであります。上述の経緯に見るごとく、推薦母体の結成それ自体に付きましては、政府はこれに関係していないのであります」

（傍点筆者）

東條はあくまでも、翼協と政府は無関係であると強調している。さらに、選挙の判断は国民が行うのだから、一部で言われるような官選議員というような批判は一切あたらない、と述べている。

だが現実にはどうだったのか。選挙戦が始まってみると、「非推薦」と呼ばれた候補者たちにとっては、対立候補との戦いというよりも、組織的な妨害との戦いであった。

それぞれ、当事者の回想を見てみよう。

大野伴睦（岐阜一区・戦後衆議院議長、自民党副総裁）

「村の小学校で個人演説会を開くと、村の駐在所の巡査がきて、片っ端から出席者をメモして翌日、呼びつける。『どういうわけで大野の演説を聞きにいった。彼は非国民だ。あんなものに投票してはいかん』

これでは村の人たちがおびえて私に投票するはずがない」

「ある村に乗り込んでみると、三日前に送ったポスター、看板がどこにも見あたらない。道端で村民に聞くと『大野先生の演説会ですって？　そんなものが開かれるのですか』これは変だと調べていくうちに、警察が役場に送った私のポスター、立て看板を没収していたので、村民は何も知らなかったのだ」
（『大野伴睦回想録』）

三木武夫（徳島二区・戦後首相）

「警察はもう二十四時間来ておるわけです、特高がね。二人ばかり、事務所の者といっしょにいる。たまに来るというのではないんです。ビラを貼りに出ると、何かいやがらせをするらしくて、帰ってこない。つかまっているんですね。それから憲兵隊からはぼくに対して呼び出しが時々来る。直接介入ですよ」

「嘘の召喚状というのが来る。『何月何日、何々署に出頭すべし』と印刷した葉書なんです。それがぼくに投票しそうな有権者のところに来る。それで、その日時に警察に行くと、呼んだ覚えはないと言うんです。（中略）それが大量に来るんですよ。しかも各地でね。当時の警察というのは、今と違って怖かったですよ。『おいこら』の時代ですから。そこから召喚状が来るものだから、だれだってもう『この選挙にはたずさわれない』という気持ちにさせられたでしょうね」
（『昭和史探訪④』）

二階堂進（鹿児島三区・戦後自民党副総裁）

「若い青年がアメリカの話をするということで、私の人気は日増しに上昇していった。しかし残念なことに、人気に比例して、私に対する官憲の弾圧も日増しに露骨になった。ただでさえ、自由候補（筆者注・非推薦候補のこと）は国賊よばわりされていたうえに、今度は『アメリカ帰りのスパイ』とか『共産党員』といったデマまで加わった」

「なんとか『中止』にならないようにして演説を終えると、翼賛会の人が演壇にかけ登って『今しゃべった二階堂はアメリカ帰りのスパイである。このような人に投票する者には……』と聴衆を脅迫するようなことを言った。朝、目が覚めると、その日一日がこわいような気持ちになることもあった」（『己を尽して――私の履歴書』）

反軍演説で除名となった斎藤隆夫も、公示直前に地元の兵庫五区に戻ろうとした時、東京から送ったはずの印刷物が内務省に差し押さえられ、印刷をやりなおさせられるいやがらせを受けたと記している。

尾崎行雄に至っては、不敬罪で起訴されてしまう。

問題になったのは、東京で出馬したやはり非推薦候補の田川大吉郎への応援演説だった。尾崎は「売家と唐様《からよう》で書く三代目」という川柳を引用し、明治、大正、昭和と続いた現在こそ立憲政治を守らねばと説いたが、この〝三代目〟をとらえられて「昭和天皇を侮辱した」とされたのである。

当時八十三歳で司法大臣まで務めた〝憲政の神様〟が拘置所に一晩留置されただけでなく、起訴され裁判にかけられた。地元の三重二区では「不敬罪の尾崎に投票するものは非国民だ」「応援者は逮捕される」という噂が流される。当選二十回を重ねた尾崎もさすがに「今回は落選するかもしれないと思った」と述懐している。

候補者に限らず、事務員や運動の支援者を含めると、こうした回想は数限りない。もっとも、翼協の推薦も必ずしも全ての地方でうまくいったわけでもなく、圧迫行為も地域によって若干の差はあった。それでも推薦候補を当選させるため、こうした妨害は各地で、公然と行われている。

投票は昭和十七年四月三十日に行われた。

投票率は八十三・一パーセントと前回よりも十パーセント近く上昇している。推薦候補は四百六十六人中、全体の八割を超える三百八十一人が当選した。この中には新人が百六十八人含まれている。

一方で非推薦候補の当選は八十五人だった。三木、斎藤、起訴された尾崎はそれでも当選したが、大野、世耕、二階堂らは敗れている。特に非推薦の新人候補で当選したのは、二十七人しかいない。

東條内閣に批判的な同交会の議員に至っては、立候補した二十九人中、当選はわずか九人であった。

多数の同志を失った同交会は、ほどなく解散に至る。選挙後、会の中心だった鳩山一郎は、幕末の女流歌人、大田垣蓮月《れんげつ》の歌を引き合いに出しつつ、日記にこう記した。

「だん〳〵と乱暴の干渉をきく。憲法は実質的に破壊さる。選挙にして選挙に非らず。当局は蓮月尼の歌でもよく味（は）へ。

討つ人も討たるゝ人も心せよ　おなじ御国の御民ならずや」

一方で東條内閣は、自らに従う議員が全体の八割という、絶対的な勢力を占める結果を得ることができた。当初の目論見のような百パーセントではないものの、「翼賛議会体制」は、ここに大きく前進したのである。「総選挙を終りて」というラジオ演説で、東條はこう総括した。

「(翼賛選挙は) 列国環視の中において、綽々《しゃくしゃく》たる余裕を持って完了した」

怒りの提訴

「こんな選挙が、許せるか！」

当時十三歳だった冨吉遼氏は、選挙に敗れた父親の怒りを、今も覚えている。

鹿児島県は薩摩、大隅という二つの半島が南に向かって蟹のハサミのように伸びている。その付け根にあたるのが、鹿児島県国分町(現・霧島市)である。

選挙区は当時の鹿児島二区であった。そこに一人の非推薦候補者がいた。戦後芦田内閣で逓信大臣を務める冨吉栄二。遼氏の父親である。百五十センチそこその小柄で、ちょび髭をたくわえた姿はどことなく愛嬌があり、労働運動や農民運動を通じて地元の農家に絶大な人気があった。

冨吉栄二はその行動力と演説のうまさが、今も地元で語り継がれている。最大の支持層である農家の人たちに理解してもらうため、冨吉は常にわかりやすいたとえで団結を説き、社会を皮肉った。

「生たっぽんなひとっじゃ燃えんじ（生の焚き物は一つでは燃えない）」

「ひんな者と生たっもんは鼻をそろえ（貧乏人と生の焚き物は束にしないと）」

「伯爵、子爵、男爵よりも国を興すのは肥の杓」

「こって牛（地主）は死んでもよか。そいでも田んぼは（農民が耕すから）荒れんで」

支持層の中には当時文字が書けない者が多くいた。冨吉はこうした人のために「キリホガシ」というものを作っている。立候補者の名前を紙に切り抜き、投票所でその切り抜きに沿って筆でなぞらせるというものだ。もっとも、裏返してしまう有権者もいて、名前が逆向きになってしまったという笑い話もあるが。

今も健在の遼氏は中学に入ったばかりだった。この選挙で初めて父親の手伝いをしたため、各地での妨害の様子を目の当たりにすることとなった。遼氏にとってもっとも忘れられないのが、近くの国民学校で開かれた、父親の演説会に出向いた時のことである。会場だった国民学校は今はない。跡地は住宅団地の広場になっていた。苔むした石碑が、かつてそこに学校があったことを伝えている。遼氏が案内してくれたその日、広場に人の姿はなく、雑草が伸び放題だった。遼氏は、左手でかつて校庭だった場所をぐるりと示し、この辺ですと口を開いた。

「ずらーっと人がいました。彼らは、冨吉の演説を聞きに来たのではないのです。聴衆を演説会場に入らせないために、立っていたのですよ」

彼らの一部は、赤地に白のラインが引かれた腕章をつけている。中央には白い縁取りのついた二重桜が染め抜かれ、花びらの中に「翼協」の文字が記されていた。演説が行われる予定の会場を取り囲んでいたのである。

「翼賛青年団、壮年団、婦人会、あらゆる人たちが立っているんです。もちろん警察もいました。その人たちが会場に近づく人たちに『きょうはここは立入禁止だよ』『冨吉の演説は聞いちゃだめだ』と追い返すんです。だからせっかく来た人たちも帰っていくわけです。帰るしかないのですよ。無理をして冨吉の話を聞くと、『非国民』ですからね。本当に、この人たちは何をやっているのだろうと、子供心にあきれたものです」

冨吉はどこからかトラックを一台借りてきて、広い選挙区を走り回った。ところが地元の自治会は、冨吉の演説会に合わせて、地域の集まりである常会や野焼きなどの行事を開き、住民を会場に行かせないようにしていたという。この結果、時には演説会を開いても聴衆が四、五人しかいないこともあった。

運動員に対しても、私服の警官が自宅に繰り返し来る。「冨吉の応援をするものは非国民である」「非推薦候補は親米英派でありアカである。冨吉に一票を投じる者もアカである」などと脅す。支援者の家には、石が投げ込まれる。このため、古い支援者でさえ、冨吉の元から離れざるを得ないものも多かったという。

前回まで冨吉は二度、衆議院選挙に当選していた。特に前回、社会大衆党の公認で立候補した時は一万七千票を取ってトップ当選である。それが、この翼賛選挙では六分の一以下の二千六百票しか取ることができず、惨敗した。地域ぐるみの選挙妨害が、効果を上げたと言ってよい。


選挙の結果、鹿児島二区で当選した四人は、全て推薦候補であった。逆に非推薦候補は、現職の冨吉を含めて大差で全員落選した。

冨吉は落胆しなかった。行動派の彼は、怒りの矛先を不正の糾弾に向けたのである。

「父は本当に腹を立てておりました。翼賛選挙がいかに卑劣なものであるか、選挙の公正さを害する不当なものであるかを明らかにすべきだ、と言っておりました」

遼氏は、選挙を終えた父が、自分の運動員や地元の人たちの家を連日走り回っていた様子を覚えている。当時は「もう負けたのに、親父は何をしているのやら」と思ったという。冨吉は、誰からどんな妨害を受けたのか、聞き取り調査を始めたのだ。

当時の鹿児島二区からは、他にも尾崎末吉、古川義雄、下村栄二の各氏が非推薦候補として立候補し、いずれも落選していた。冨吉は彼らと連絡を取り合った。全員が集まると、それぞれが手分けをして、翼賛選挙で行われた妨害の実態を調べていった。

その中心となったのが下村栄二である。当時下村は東京で弁護士をしていた。戦後は東京調停協会の会長などを歴任している。下村は当時を振り返って、「選挙そっちのけで違反事実の調査を行いました」と証言している。

調査内容がいつ警察に押収されるか分からないと考えた下村は、家族にも伝えず、那須温泉に偽名を使って泊まりこんだ。ここで調査結果を、原稿にまとめる作業を行った。原稿がある程度まとまるごとに、密かに印刷所に持っていき、訴状を作っていった。

原告側の代理人には、東京弁護士会の所龍璽が付いた。先に「反軍演説」で除名されたが衆議院議員に返り咲いた斎藤隆夫も（斎藤はアメリカに留学した経験を持つ弁護士でもあった）名を連ねた。冨吉らの裁判にあえて加わったのも、自らが経験した選挙妨害を、許すことができないと考えたためだろう。

当時の法律では、提訴は選挙が終わってから三十日以内に行わなければならない。冨吉、下村、尾崎、古川の四人の原告と弁護士は、この規定ぎりぎりの五月二十九日に、調査結果を訴状としてまとめることができた。

訴状の内容を見てみよう。

「加治木町の警察署長は、町内の地区の常会に臨み推薦候補者に投票すべしと言い、『もし推薦候補者が落選するときは、推薦者の一人たる町長は腹を切らねばすまぬことになる。だから必ず推薦候補者に投票すべし』と主張し、席上推薦候補に投票すべきを申し合わせしめたり」

「阿久根町部落会長は、同年四月二十九日夜、常会と称して部落民全部を集め、『尾崎（末吉）氏の演説を聞きに行く者は非国民だ。行った人の手がすぐ後ろに回る』とて手を後ろに縛られた恰好をして見せ、演説会の終わるまで集合せしめ置きたり」

「鹿児島県壮年団長は、選挙区内各町村の壮年団長に四月十日以降、数次に指令を発し、(中略)『自由候補者は自由主義思想の持ち主で英米親和派である』又『自由候補者を援助したり、これに投票したりするものは、陛下に弓を引く者である』(中略)などの流言を県内に流布せしめることを命じた」

「阿久根町国民学校長は、同年四月二十五日国民学校五年生以上の生徒に対し『自由候補は非国民みたような人だから、そんな人に投票すると非国民になってしまう。それで政府が選んでくれた推薦候補者に投票するように父兄に伝えなさい。間違って自由候補に入れると戦争が負けになるのだ』と話した」

「末吉町長は前後三回の常会を開き(中略)、『このたびの自由候補は一個人の利益のためには天皇陛下にも弓を引くものどもである、こんなものに欺かれるようでは諸君も国賊となる。もし翼賛推薦者に投票するならば、帳簿に印を押しなさい。印を押さない人は国賊であるからこれから配給品はやらぬ』と言い、町民は日常品の配給がなければしかたがないと皆捺印したり」

「隼人町壮年団長は、出征軍人家族慰安会を催したる時、胸に『推薦候補者』と書き、背中に『推薦候補者の名字』を書き、裸踊りをなし選挙運動をなしたり」

「鹿児島県知事は、昭和十七年四月二十日付をもって、県下各学校長にたいし『（中略）推薦制度の意義の徹底を期せられたく此段通牒候也』と通牒し、かつ推薦状を発すべき事を付記し、その推薦状の形式は、『翼賛政治体制協議会推薦候補者……氏は最適任と認めますからあなたの一票を同氏にお与えくださいますようお願いします』となすべきことを指令したり」

「鹿児島県知事は、昭和十七年四月十五、六日頃、翼賛政治体制協議会鹿児島県支部長に命じて推薦候補のために（中略）全選挙区内の地盤割り当て（投票の配給）を

行わしめたり」（人名地名一部略）

慰安会で候補者の名前を背中に書いて、裸踊りをするというのはご愛嬌としても、町長が配給品と引き替えに投票を迫る、学校で校長が子供に推薦候補への投票を親にさせるよう求める、果ては県知事の名前で推薦状の作成を命じたり、県知事が選挙区の地盤割りを命じる、といった内容には驚くほかない。

訴状には、四人の原告が手分けして調べたこうした妨害の実態が、箇条書きで延々と記されている。そして末尾には「果たして、しからば鹿児島県第二区における選挙はこれを無効なりとなすべきものなり」と結ばれている。直接の被告は、鹿児島二区の選挙長だった。

当時、衆議院議員選挙の無効を求める異議申し立て訴訟は、一審制だった。判決が不服でもこれ以上の控訴も上告もできないという、まさに一回勝負だったのである。できあがった訴状を持ち込む先は、鹿児島地裁でも長崎控訴院でもない。

東京、霞が関の大審院であった。

台車に乗せられた冨吉らの訴状は、こうして、大審院民事部の裁判官へと、届けられたのである。

異例の裁判官会議

東京の北区にある滝野川。現在の国道十七号線から板橋駅までのごく一部は、戦火を受けることなく、戦後の区画整理も行われなかったため、戦前の古い町並みが今も残されている。

国道から一つ入れば旧中山道である。そこは滝野川銀座通りという商店街だが、銀座と名が付く商店街の多くと同じように、人通りはまばらで少し寂しい。歩いてみれば、所々に煉瓦造りや木造の古い建物があり、脇道から狭い路地が左右に伸びて、住宅が建ち並んでいる。

大審院判事の吉田久は、かつてこの町に住んでいた。

別の場所に暮らしている三男の光蔵さん（仮名）が、今も健在である。八十を超えた光蔵さんの自宅には、滝野川に暮らしていた頃の吉田久を写した写真が残っている。痩身で面長、やや薄くなった髪を左右にきちんと分けて、丸眼鏡の奥の眼差しが鋭い。いかにも謹厳な裁判官らしい容貌だ。

吉田はいつもスーツに細身のタイを締め、白い手袋でステッキを握るダンディーな姿だったという。薄い唇をへの字に曲げ、両腕をやや横に振る独特の歩き方で、毎日狭い路地を左右に折れて、下町の商店街を歩いていく。表通りに出ると路面電車に乗って霞が関の大審院へと通っていた。

吉田は普段は朝五時、冬は六時になると自分で家の雨戸をがらがらと開けるのが日課だった。それが終わると家の前の路地を近所まで含めて竹ぼうきで掃除する。オートミールに野菜という朝食を食べて出かけていく。

いかにも几帳面な様子だが、こうした日常を、吉田は他人に押しつけることは一切なかったという。身の回りのことは自分で行い、愛用の手袋やハンカチまで風呂場で自分で洗濯し、靴も自分で磨いていた。家族に早起きを強いることもなく、寝ていればそのまま出勤して行ったという。

「人に何かを強制することがない人でした。無口で、静かで、大声で怒鳴ったりするようなことはまずありません。人任せにせず、自分のことは自分でてきぱきやっていく人です」

吉田を知る人のほとんどが、遺族の方々と同じように、厳しく自らを律する一方で、無口で静かな人柄を挙げている。

当時の大審院は開廷日が週二日だった。吉田のいた第三民事部は月曜日と木曜日である。それでも大審院判事は、係属中の裁判の書証を読まねばならなかったし、大学の講師を兼任することも多かった。吉田も中央大学で民法の講師を務めていた。このため、ほぼ毎日、大審院か大学へ出勤していたようだ。

家に帰ってからも、吉田は自宅の書斎にあった大きな机に向かう。持ち帰った資料を夜遅くまで読んだり、判決文を起案したりしていた。

吉田は大審院第三民事部の部長（裁判長）であった。大審院の裁判官は、基本的には各部に裁判長一人と陪席判事四人の合わせて五人。裁判官室は現在の最高裁のような個室ではない。大部屋に五つの机が並んでいた。

当時五十七歳だった吉田は、冨吉らが提訴した訴状を、おそらくはこの裁判官室で書記から受け取ったのだろう。訴状を読んだ時の印象を、戦後こう書き残している。

「これは容易ならぬ由々しき事件である。もし原告の主張する事実が真実であるとすれば、少なくとも鹿児島県第二区の選挙は衆議院議員選挙法に違反し無効とならざるを得ないと考えた」

行われたばかりの翼賛選挙は、吉田も身近に見ている。したがって推薦候補者に対する優遇は、自身も有権者の一人として感じていたはずだ。ただ、吉田の住んでいた滝野川区を含めた東京府六区では、非推薦候補で新人の赤尾敏が当選しており、まだ有権者の投票行動は自由を保つことができていた地域だったとみられる。それでも鹿児島の実状は、吉田の目にも「ありそうなことだ」と映ったに違いない。

訴状を読んだ吉田は、思い切った行動をとる。

第一回口頭弁論が開かれる前に、自ら各民事部の部長に呼びかけて、大審院内で裁判官会議を開いたのだ。議題は法律の解釈だった。

これには理由があった。

当時選挙の無効を求める訴えは鹿児島二区の他にも相次いで起こされていたのである。その全てが大審院に持ち込まれた。吉田以外には、第一民事部(判決時裁判長岡村玄治・以下同様）に鹿児島三区の訴えが、第二民事部（裁判長矢部克己）に長崎一区と福島二区の訴えが、そして第四民事部（裁判長古川源太郎）には鹿児島一区の訴えが係属していた。

内容はいずれも選挙妨害を理由とした無効請求訴訟だった。当時五つあった民事部のうち四つで、同じような裁判を抱えていたのである。個別の事実認定は別にして、法解釈が大審院の各部で異なることになれば、混乱が生じかねない。ましてやこの裁判は一審制であり、大審院より上の司法機関は存在しないのだ。

吉田が問題視したのは、当時の衆議院議員選挙法八十二条の解釈だった。


「選挙の規定に違反することあるときは、選挙の結果に異動を及ぼすのおそれある場合に限り、裁判所はその選挙の全部または一部の無効を判決すべし」（傍点筆者）

八十二条には判決が選挙無効を言い渡す条件を、「選挙の規定違反」と定めていた。この「規定違反」をどう捉えるかが、問題となったのである。

当時考えられていた、選挙が無効になるような規定違反とは、どんなものだったのだろうか。大正十四年発行の『改正衆議院議員選挙法示解』には、「次のような場合」と例が挙げられている。

（1）無効なる選挙人名簿によりて選挙を行いたるとき
（2）選挙に際し投票所の告示をなさざりしとき
（3）告示したる場所において選挙をなさざりしとき
（4）選挙人にあらざる者が投票をなしたるとき
（5）正規の投票用紙を使用せざりしとき、などのごときをいう

いずれも手続きの問題や管理ミスである。

他の解説書を見ても、法律が翼賛選挙のような組織的な選挙干渉や妨害を「規定違反」にあたるかどうか、そもそも想定していなかったことが分かる。

その結果、選挙「運動」に違法があってもそれは「規定」の違反ではないのだから、選挙結果を無効にはできないという意見があった。選挙干渉や妨害に対しては個別の刑事処分がなされればよい、というわけであろう。

ところがこの考え方に従ってしまうと、個人の違法運動はともかくとして、政府や自

治体の選挙干渉や妨害を処罰することは、事実上できなくなる。そもそも警察自身が、冨吉や下村の訴状にあるように、原告の主張する「違法な選挙運動」に、濃厚に荷担しているのである。警察が警察を逮捕するはずがない。

吉田はこの会議で、集まった各民事部の部長に対してこう述べた。

「たとえ政府であっても、その自由公正さを害する大干渉をしたならば、それは選挙の規定に違反するものであり、それが選挙の結果に影響を及ぼせば、選挙無効の判決をすべきだ」

吉田の主張の根拠は、法律の目的であった。

衆議院議員選挙法の規定は、公選の精神を保つために定められている。大規模な妨害や干渉によって、有権者の意思が抑圧されて、それが選挙全体に影響を及ぼすことになれば、法律が目指す自由で公正な選挙が行われたことにはならないと考えたのである。

従来の学説が想定していなかった解釈だった。

吉田の熱弁に、各民事部の部長はいずれも同意したという。

ただ、こうした吉田の行為は、他の民事部の部長たちに彼の心証を強く印象づけることになった。

いわば裁判がスタートする前から「もし原告の主張が事実なら、私は選挙を無効にする判決を出すつもりだ」と公言しているに等しいからである。事実、審理が進むにつれて、吉田の姿勢は、大審院内でも問題になっていく。

多くの人が口をそろえる無口で謹厳な人柄と、審理が始まる前に各部の裁判長を集めて、思い切った発言をする吉田の姿は、どこか重なりにくい。一見相反する二つの側面を合わせ持った裁判官吉田久とは、果たしてどんな人間だったのだろうか。

たたきあげの裁判官

吉田久は明治十七年八月二十一日に、福井市佐佳枝《さかえ》上町（現在の市内中心部付近）に生まれた。実家は八百屋だった。元々は代々農家であったという。

吉田が生まれて三年後、父親の久蔵は店を閉めて、一家で東京に出てくる。当時の麴町区一番町（現在の千代田区一番町）で人力車業を始めたのである。吉田は「父はこの業によって一旗あげるつもりだったらしい。輓子《ひきこ》も数人置いて相当に業績も上がったようであった」と記している。

家計は安定し、吉田は明治二十三年に富士見町の私立宮崎小学校に入り、さらに番町尋常高等小学校の尋常科に入学している。学校では常に首席だった。休み時間にも授業の復習をするような、勉強好きの子供だったという。

だが、恵まれた環境は長続きしなかった。久蔵の経営する人力車業は、馬車や鉄道の普及でやがて業績が振るわなくなったのだ。さらに明治二十七年、日清戦争が始まると、父は陸軍病院の軍属として単身中国に渡る。残された一家は生活に困窮し、吉田も学費を払えなくなったため、学校を退学せざるを得なくなった。

はるか後年、戦後のことだが、吉田の元には中退だったにもかかわらず、番町小学校から運動会など学校行事のたびに、来賓の案内が来た。吉田は近所の小学校で開かれる孫の運動会には出なくとも、番町小学校の案内が来ると、背広を着て出かけていったという。

中国へ渡った久蔵は、二年後に無事に帰国した。家族は安堵したが、いまさら人力車業を再開しても成功するはずもない。蓄えも尽きた一家は東京での暮らしをあきらめ、福井に戻っていった。

当時弟妹を合わせた六人家族は、福井駅前で駄菓子を扱う休憩所を商うようになる。父親は、休憩所だけでなく、屋台も引いて一家を支えていた。長男の吉田は、昼間は福井地方裁判所検事局に勤めて家計を助ける一方で、夜間学校に通ったという。

当時の裁判所には、「坊や」とか「小僧」と呼ばれる少年たちがいた。

久留米絣に小倉の袴という格好で、お茶くみなどの小間使いをしている。こうした少年の中でも法曹界に志を持つ者は、右腕に有斐閣の法律書を抱え、仕事の合間にも勉強を怠らなかった。

吉田もまたこうした小僧の一人として働きながら、やがて司法への道を志すようになる。東京に出て学校に入り、司法官となって一家を養いたい、というのが、吉田少年の望みであった。

十八歳の時に、吉田は父母の反対を押し切り、一人で再び上京する。しかし学資はもちろん、生活費も自らでまかなわなければならない。このころはノートを買う金すらなく、時には手のひらにペンで法律の条文を書いて覚えることもあったという。

上京した吉田はすぐに大審院に仕事を見つけた。司法官を目指す上で格好の職場であり、働きなれた裁判所を選んだのであろう。福井の時と同じように、再び「小僧」となったのだ。

後年、大審院の裁判長である部長職に就いた人間で、同じ大審院で「給仕」や「雇《やとい》」として働いていたのは、おそらく吉田が始めてであり、また唯一だったろう。このあたりはいかにも明治の立身出世物語らしく、自身にも多少の感慨はあったに違いないが、そのことについて、吉田は特に何も記していない。

吉田は大審院に勤めながら、最初、和仏法律学校（現在の法政大学）夜間部に通う。だが吉田は、昼間の学校に通えるようになりたい、と考えていた。それには大審院の仕事を続けるわけにはいかない。福井時代のつてを頼って職を探した結果、彼はある弁護士事務所の事務員になる。司法官を目指すという希望を、所長だった弁護士は快く了解してくれた。午前中だけ事務所の仕事をして、午後からは学校に通うようになる。

吉田が入学したのは東京法学院（現在の中央大学）であった。吉田は事務所のある日本橋から、四キロほど離れた学校まで毎日徒歩で通う。午後だけなので半日しか授業は受けられないが、成績は抜群であった。ここでも常に首席か二番目で、二年生からは特待生として授業料を免除された。三年生からは給費生として毎月二十五円の貸与を受けるようになり、ようやく勉強に専念できるようになったという。

当時の司法試験制度は、今と大きく異なっている。

一番の違いは、官学優位という点にあるだろう。当時は帝国大学の法学部を卒業した者は、司法試験を受けなくても司法官試補（現在の司法修習生）になることができたのである。

だが、私学の人間は、現在の司法試験にあたる判事検事登用試験（弁護士の試験は別であった）を受けなければならない。それどころか、吉田が卒業した明治三十八年からは、本試験の前に予備試験も始まっている。そして司法修習を終える時には、第二回試験が行われている。帝国大学の法科卒はこの「第二回試験」を一度受けるだけだが、吉田が裁判官や検事になるまでには、予備試験、本試験、第二回試験と合計三回もの関門があった。

この年は本試験の受験者がおよそ千二百人。これに対して合格者はわずか三十九人だった。吉田はこれにも、二番目の成績で合格したという。当時吉田は二十一歳。合格の通知を受け、自らの名が記された官報を見た時には「天にものぼる心地がした」と語っている。

それからの吉田は、どうなったのであろうか。

昭和十五年発行の『大日本司法大観』には、それぞれの裁判官や検事の経歴が顔写真と共に掲載されている。吉田久の欄にはこう書かれている。

明治三十八年、司法官試補。水戸地方裁判所詰。
明治四十年八月、検事。岡山区裁判所検事。
明治四十二年十二月、広島区裁判所検事。
明治四十三年九月、浜松区裁判所検事。

吉田は検察官になっていた。司法官は裁判官にも検事にもなることができる上、双方の行き来が今と違って容易だった。また、出世が早いのはどちらかと言えば検事といわれていた。赴任する前に上司から志望を聞かれた吉田は「どちらでもよろしゅうございます」と答えた結果、検察官となったのだという。

検事に任官してから、吉田は典型的な地方廻りを続けていく。それも岡山、広島、浜松の区裁判所、現在でいえば簡易裁判所ばかりが担当だった。当時は私学出身者が、東京地裁の部長や控訴院の部長を務めることもまれだった。司法官の要職は、東京帝大を中心とした国立大学の卒業者で占められていたのである。

比較するために、この『大日本司法大観』の同じページで、吉田と隣り合っている東京帝大卒の草野豹《ひょう》一郎の経歴を見てみよう。


大正元年、司法官試補。東京地方裁判所詰。

大正三年四月、判事。東京地方裁判所予備判事。

大正三年七月、東京地方裁判所判事。

大正十年二月、東京地方裁判所部長。

大正十年六月、司法省参事官、刑事局兼務。

氏の名誉のために言えば、草野豹一郎は刑事法の分野で今なお知られる著名な判事である。ここで掲げたのはただ、吉田と隣り合っていることだけが理由だが、修習時代から部長となるまで一度も東京を離れたことがなく、その後さらに司法省入りする草野の経歴は、隣に並ぶ吉田とは明確な対照をなしていると言わざるを得ない。

もっとも、吉田の感じ方は少し違ったようだ。自身の待遇に特に不満だった様子は見えない。

彼の屈託はむしろ、「自分は検事には向かない」という部分にあった。検察官は自分では被疑者を不起訴にしたいと思っても、上司の指示で起訴しなければならないこともある。時には法廷で、意に添わない論告を行わなければならない。吉田には、これが苦痛だったのだ。

広島時代、吉田は上司に裁判官になりたいと申し入れている。その結果、「判事になるには東京控訴院の管内に異動する方が良いだろう」という勧めで浜松に転勤したのだという。

そして明治四十三年十一月、東京区裁判所でようやく念願の裁判官として、勤務するようになったのである。後に退職するまで続く、裁判官吉田久の誕生である。

吉田は東京で多くの魅力的な先輩から、教えを受けるようになった。中でも吉田が師と仰いだのが、前田直之助であった。

前田は生涯現場主義を貫き、高潔な人柄は法曹界では広く知られていた。大審院部長にまで栄転するが、定年時には全国の弁護士から定年延長を求める運動が起こされ、それが新聞に報じられるまでの厚い信頼を受けている。

吉田は司法官試補だったころから、この前田の教えを受けていた。

ある休日、同僚と本郷にある前田の家まで遊びに行った時、前田がちょっと待ってくれ、といって外出した後に、料理店でごちそうをしてくれたことがあった。前田は若き後輩のために、持っていた時計を質入れして金を作っていたのである。後に吉田はそのことを知って感激している。別の裁判官の回想では、裁判で分からないことがあって前田の家へ行くと、次々と書物を出してきて、熱心に教えてくれたという。

当時の裁判所が現在と異なる最大の点は、司法省のコントロール下に置かれていたことであった。かつての裁判所構成法には「司法大臣は各裁判所および各検事局を監督す」という一文がある。

現在、最高裁判所は独自の予算と人事権を持ち、全国の裁判所は法務省からも独立した組織となっているが、戦前は法律上も司法省の下にある組織であった。財布と人事という二つの急所を握られた戦前の裁判所は、自然、司法の独立という理想にはほど遠い。

その結果、戦前の裁判官は司法省組と裁判所組に分かれ、裁判所の幹部は司法省の行政官を経た者で多くが占められていた。確かに昭和に入ってからの歴代の大審院長を見ると、その多くが裁判官や検事として現場で働いた経歴よりも、司法省の官僚としての経歴が目立つ。

後に登場する東條内閣時の大審院長だった長島毅《はたす》は、判事となってから裁判官としての実務経験は四年足らずしかない。司法省参事官、民事局長、司法次官と官僚としての勤務が十年に及び、その間各地の控訴院長を歴任して大審院長に就任している。

こうした傾向は弊害を生んだ。裁判官になったはずなのに、出世するため、裁判の実務よりも司法省入りして官僚を目指す人間が増えていたのである。

だが、吉田が教えを受けた前田直之助は、こうした風潮を著しく軽蔑していた。やはり後輩である渡辺好人《よしと》（戦後東京高裁部長）に宛てた手紙で、前田はこう綴っている。

「判事は一のエクスパートすなわち技師なり、技術家なり、事件の裁判は一つの技術なり、いわゆる職人すなわち専門家の仕事なり。その点においてその行政官、あるいは政治家と痛く異なるところなり。判事としては一生裁判をやる、すなわち判決を書くことを天職と心得ねばならず、然るに世には俗人、俗物少なからず、あるいは所長あるいは院長などになりたがり、またなることをもって、あっぱれ高名手柄と心得るなどは判事の仕事のなんたるかを知らぬものなり。（中略）判事は区裁判所判事でも、大審院判事でも、仕事そのものには分厘の差別なし。所長、院長などは、この仕事には無関係の人物なり、ただの床の間の置物にすぎず。構えてもあんなものになろうなどと心がけたまうな」

「裁判官は行政官ではなく職人だ」「地裁所長や控訴院長は床の間の置き物だ」という前田の教えは、吉田に強い影響を与えたと思われる。前田の手紙好きは有名で、顔を合わせる裁判官のほとんどに手紙を送っていたという。ある者には激励し、不勉強な意見を述べる部下には遠慮なく批判した。合議の意見が稚拙だと「小学校からやり直せ」と手紙で叱られた裁判官もいる。右の手紙を受け取った渡辺も、裁判官としての等級が上がらない不満を述べた時には「そんなことでは前途はしれたものなり、心せよ足下《そっか》」とやはり手紙で厳しく叱責されている。

吉田もまた、前田によるこうした現場一徹の教えを受け続けたのであろう。彼はその言葉を守り続け、司法省とは無縁のままで、「床の間の置き物」の所長や院長にもならず、退職するまで裁判官であり続けた。

東京に戻った吉田は結婚した。

その後も転勤で千葉と東京を往復するが、東京市の滝野川町に自宅を購入する。三男一女を授かり、働き盛りの裁判官として、公私ともに充実した日々を送ることができるようになった。福井から一人で上京して、二十年近くが経っていた。

この間も吉田の努力は続いている。ドイツ語の原書が読めないと東京での裁判官は務まらないと、岡山での検事時代に第六高等学校（現在の岡山大学）でドイツ語の教授に依頼して、一年半ドイツ語の授業を受けている。

東京に戻ると、今度は「フランスの原書で仏民法の条文くらいは読みたい」と考える。

考えるとすぐに行動に移すのが吉田であった。週一回、裁判を続けながらフランス語の授業を受けたのである。吉田は後にフランス法の本まで出版している。

東京地裁では予審判事として、大正三年にシーメンス事件を担当している。築地のシーメンス事務所に家宅捜索に出向いたり、実業家として著名な、大倉喜八郎の事情聴取も行っている。その後は千葉地裁と東京控訴院で部長を務めた。私学の出身者としては、すでに順調な出世ぶりと言える。

だが、幸せな日々は長くは続かなかった。

大正十四年に、突然妻が四人の子供を残して死去したのである。一番下の三男はまだ乳飲み子だった。

その赤ん坊だった三男が、今、八十歳を超えた光蔵さんである。光蔵さんは後年、この当時について叔母からこんなことを言われたという。

——お父さんは仕事から帰ってくると、あなたを背中におぶって、泣いているあなたをあやしながら、井戸端でおしめを洗っていたのよ。

乳飲み子を残して、妻に先立たれた吉田は、どんな思いだったのだろうか。

経歴を調べていくと、彼が決して天才型ではなかったことが分かる。むしろ自らの努力によって不遇を克服し、常に道を切り開いてきた。そうしてようやく志を達成し、安定した暮らしとやりがいのある仕事に就いた後に訪れた不幸が、どれだけ吉田を悲しませたか、想像に難くない。

だが、吉田は四人の子供を養わなければならなかった。昼間は女中を雇いながら、自分でも家事をこなしていた。

掃除や洗濯、それに靴磨きまで自分でやるという習慣は、このときに身に付いたものだった。

第二章　「わたしは、死んでもいい」

東條の傲岸な答弁

大審院の法廷は暗い。通りに面して大きなかまぼこ型の窓が並んでいるが、いずれも黒く厚いカーテンで覆われている。法廷内には当事者席と傍聴席の天井に吊された、小さなシャンデリアがあるだけで、灯される明かりは常に薄かった。

廷丁が起立を命じ、双方の代理人と傍聴人が立ち上がったところで、大審院の五人の裁判官は、背面右側のドアを開けて順番に法廷に入る。法服はいわゆる黒羽二重。今と違って両肩から胸にかけて紫色の唐草模様が縫いつけられ、鈍い光を反射させている。頭には烏帽子にも似た法冠が乗せられている。

この日の第三民事部の法廷も、そうであった。先頭は裁判長である吉田。その後ろに四人の裁判官が期の古い順に入り、吉田を中央にして一段高く、当事者を見下ろす裁判官席に座った。この頃部下にあたる陪席裁判官は梶田年《みのる》、森田豊次郎、箕田正一、古川鈊《しん》一郎の四人だった。

冨吉らが選挙無効を求めたこの裁判。

大審院での第一回口頭弁論は、どのようなものだったのだろうか。当時の様子を再現した資料がある。それは、昭和三十四年に放映されたテレビドラマの脚本である。翼賛選挙と吉田の裁判を題材に、大津皓一氏が脚本を書き、現在のＴＢＳが放送したものだ。シナリオのごく一部が、同年の法律系雑誌「法学セミナー」に抄録されている。

大津氏はこの脚本を書くにあたって、まだ存命だった吉田や代理人だった所弁護士らから、直接聞き取り取材を行っている。また、放送後に吉田の家族がドラマの内容について聞いたところ、吉田は「嘘はない。全部真実だよ」と語っていたという。

今回関係者に可能な範囲で取材した結果、ドラマの時系列が現実とは異なっているほか、細部には脚色と思える部分もあった。しかし個別のエピソードの多くは誇張もなく丁寧に描かれている。一つ一つのせりふは別にして、内容は吉田が語るとおりほぼ事実であると考えてよいと思える。当時の裁判の様子がうかがえる資料は他に存在しないため、大津氏の脚本を適宜紹介していくことにする。

なお、主役の吉田は「吉村裁判長」として佐分利信が演じている。原告の冨吉栄二は「富田栄一」として北山年夫が、同じく原告の下村栄二は「下条栄三」として福原秀雄が出演していた。

ドラマが描く第一回口頭弁論は、次のようなものだった。

――傍聴席には五人の原告と被告、国民服の傍聴人や軍人などがいる。――起立。

――吉村裁判長はじめ五人の判事が入廷して、席につく。

吉村「ただいまから開廷します」

――原告代理人席の所弁護士は緊張の面持ち。被告代理人席の白面の国民服の男がすっくと立つ。指定代理人である。

指定代理人「裁判長に申し上げます。私は、鹿児島県より指定されました指定代理人岩園英樹であります。この大日本帝国として危急存亡の時にあたり、聖戦完遂のための翼賛選挙を無効だなどという訴訟は、時局をわきまえぬふとどきなものであります。したがって、即刻、訴えを却下するとの判決を求めます」

――所原告代理人、あきれている。吉村裁判長を見る。

吉村(静かに口をひらく)「……裁判というのは、左様なものではありません」
指定代理人「?(意外、眉をよせる)」
吉村「訴訟法にもとづいて審理を行います」
――被告代理人は苦い顔である。指定代理人、座る。
吉村「原告代理人どうぞ」
――所原告代理人はすっくと立つ。力強い声が法廷に流れる。
所原告代理人「訴状に基づいて申し上げます。請求趣旨、昭和十七年四月三十日に施行せられたる鹿児島県第二区における衆議院議員選挙は、之を無効とする。訴訟費用は、被告の負担とするの判決を求めます。其の請求原因は、第一……」

所代理人はこの後、訴状に書かれているような選挙干渉の実態を述べ、被告側は請求を退けるよう求めるシーンが続く。

その合間には、傍聴席に座っている軍人が、被告代理人の答弁に同感の色を浮かべ「もし、裁判官がみょうな判決でも下すとぶった斬ってやる」とつぶやく様子が挟み込まれている。

被告側である鹿児島県第二区選挙長の言い分は、次のようなものだった。選挙妨害が行われたことを理由にして選挙を無効にすることはできない。衆議院議員選挙法八十二条では無効の要件が「選挙の規定に違反することがあった場合」に限られており、選挙「妨害」は「規定」とは違う。したがって請求は却下すべきだ、というものだった。この点、吉田が大審院民事部の部長たちを集めて話し合った内容が、早くも争点として持ち出されたのである。ただしドラマのように法廷で「時局をわきまえないふとどきな訴えだから却下すべき」とまで言ったのかどうかは、定かでない。

被告の主張はさらに続く。

仮に却下ではないにしても、鹿児島県知事は絶対に特定の候補に肩入れしないように求めていたのだし、そのような指令を出したかのような主張は事実無根である。組織的な選挙妨害はないのだから、訴えは棄却で退けるべきだ。

双方が全面的に対立する構図は、この法廷で鮮明となった。

この頃、国会では貴族院議員の大河内輝耕が、東條に対して猛烈な質問をぶつけていた。

大河内は翼賛選挙の公示前に、選挙干渉の危険性を指摘していた。それでも「公正な選挙を行わせる」という東條の答弁に、一応は矛を収めていたのである。

昭和十八年二月四日の本会議。大河内は演壇に大量の資料を持ち込んだ。

大河内は自ら見聞きし調べた結果を元に、各地での選挙妨害の実態を、国会で次々と暴露したのである。その内容は長文かつ詳細だった。妨害があったと大河内が指摘した地域は、富山県、福島県、長崎県、群馬県、そして鹿児島県と全国各地に及ぶ。ある県では知事が非推薦候補者に出馬をやめるよう勧告したと語り、ある県では非推薦候補者の事務所を訪ねるだけで、警察に留置される有様であったと述べている。さらには、推薦候補者に選挙費用が渡されていることまで、ここで明らかにした。

質問の記録は、議事録で今も読むことができる。ひどく読みにくい漢字交じりのカタカナ文面なのだが、それでも大河内の烈しい怒りが伝わってくる。いわば「話が違うじゃないか」という憤りが横溢しているのだ。

大河内は最後に、明治二十五年に第一次松方内閣の元で行われた選挙干渉と比較しながら、こう問いただした。

「あの時は暴力こそ用いられましたが、何も味方以外の者をみんな働けないようにしてしまうとか、演説すると何でもかんでも止めてしまう、政府の政策を批判すると止めてしまうというようなことはなかった。
もっとひどいことを、今度はおやりになった。それに対して総理ならびに内務大臣へいかにこの善後処置をされるか、このことをうかがいたい」

東條の答弁である。

「いろいろ例証を挙げられましたが（中略）、その大きな国の動きという点から行けば、私は総選挙というものはちっぽけな問題だと実は考えている」

あまりの傲岸な言葉に、大河内は怒り心頭に発した。

「総選挙は小問題だ、これは私は驚きました。国家の心臓を造る総選挙を小問題とは何事だ。この重大な時局を背負って立つべき衆議院議員の選挙をするのに、これが小問題だとは私は考えられない」

大河内の剣幕に、さすがに東條は発言を修正する。

「小問題と言ったのは、比較的小さい、これをなんと比較をするか、戦争というものと比較をしての軽重を、私はお話をしたので（後略）」

二人の緊迫したやり取りの間に、司法大臣の岩村通世が、選挙の訴訟は大審院で目下慎重に審理しているのだから、そのうちに事実は判明することでしょう、という答弁をしている。

これに対して大河内は、皮肉を込めて、こう切り返した。

「司法処分の方は着々進んでいるようで、どうかこれは、総理大臣の御職責ではございますかどうか知りませぬけれども、国民の疑念を一掃せられるように希望いたします」

もはや国会は翼賛議会である。衆貴両院含めても、自分に同調する議員はほとんど期待できない。大河内にとって、これ以上は司法に託すしか道はなかった。

死を覚悟した鹿児島出張

裁判で冨吉や下村ら原告側は、多数の関係者から聞き取った選挙妨害の内容を書面として提出している。被告は当然ながらその内容を否認している。通常であれば、原告側が求める証人を法廷に呼んで、主張通りの妨害があったのかどうかを、調べることになるだろう。大審院は書面での審理が主であったが、今回の訴訟は大審院が一審だった。したがって地裁や区裁と同じように、双方の主張から、何が事実であるかを認定する作業を、吉田たち裁判官が行うことになる。

証人として申請されたのは、二百人に上った。一般的な訴訟では、裁判官が必要と認める人間だけを絞り込んで、大審院に呼ぶことになる。だが、戦時中に多数の人間を、鹿児島から東京へと呼び出すのは非現実的であった。

そこで、吉田は部下である四人の裁判官たちを連れて、鹿児島への出張尋問を行うことを決めたのである。これには原告たちも驚いている。当時大審院内では、これを壮挙として受け止めたらしい。吉田らは出張に際して、職員有志らから餞別として米を受け取ったという。

しかし吉田が心配していたのは、現地鹿児島での反発であった。

鹿児島地裁の所長、小林右太郎の配慮で尋問に使用するための会議室が準備され、吉田ら裁判官と書記らのための宿舎も確保できた。しかし、現地では尋問が行われることに不満を持つ暴漢に襲われるかも分からない。それに現地や道中で、米軍の空襲を受ける恐れも皆無ではなかった。

この時の心境を、吉田はこう述べている。

「わたしは、死んでもいい、裁判官が事件の調べに行って殺されるのは、あたかも軍人が戦争に臨んで弾に当たって死ぬと同じ事だ、悔ゆることはない」

妻と死別した吉田は、その後病院の経営者の娘だった盈子《みつこ》と再婚していた。幸い残された四人の子供は後妻の手で順調に育ち、特に一人娘の稔子《としこ》は、吉田にとって自慢の娘だった。

吉田は出張する直前、妻の盈子に遺言状を手渡している。「自分が死んだら、あとはこの通りに処理してほしい」と頼んだという。

戦時中、遠く離れた鹿児島へ出張尋問に行くことは、文字通り決死の覚悟だったのである。

出張尋問の決定は、新聞にも報じられた。

昭和十八年三月十五日付の「法律新報」は「鹿児島県下選挙異議事件に大審院民事部出向審理」という見出しの記事を載せ、現地での審理予定の概要を掲載している。

ここには第三民事部の裁判官だけでなく、鹿児島三区の訴訟を審理している第一民事部、鹿児島一区の訴訟を審理している第四民事部からも、裁判官が出張に同行することが記されている。しかし、両部から同行する裁判官は二人ずつで、証人も吉田らが百八十七名を尋問するのに対し、第一民事部は五十七名（このほか大島区裁に八十二名の尋問を委嘱）、第四民事部は四十八名と少ない。

別の部からも裁判官が出たのは、吉田の出張尋問決定に引きずられたというのが、真相だったようだ。

第四民事部の部長だった古川源太郎は戦後、「吉田君の部が現地の様子を調べるというので、私の部でも次席か三席に行ってもらった」と語っている。実際に記録を見ると、鹿児島への出張期間中、第三民事部は休廷が続いていたとみられるが、第一民事部、第四民事部は残りの裁判官が、他の裁判の判決を出している。

「法律新報」の記事は、「右喚問が公正に行われるか否かについては法曹界あげて注視するところ」として、日本弁護士協会（当時）からも弁護士の谷村唯一郎（戦後最高裁判事）らが、調査のために特派されると結ばれている。翼賛選挙をめぐるこの裁判が、当時大きな注目を集めていたことを裏付ける。

遺言状を書いてまで審理に出向く決断は吉田らしいといえるが、その行動は、やはり他の民事部に比べて、突出した印象を与える結果になっただろう。他の法廷を休んででも、部長である吉田をはじめ五人の裁判官で行くというのは、同じ裁判が係属している他の部と比べて、力の入れ具合が違うことは明らかであった。

この出張に参加した五人のうち、尋問の直前に吉田の第三民事部へと異動してきた裁判官がいる。東京控訴院の判事だった松尾實友《さねとも》である。

松尾は二月に着任し、代理判事として翼賛選挙訴訟の審理に加わることになった。当時四十七歳と、この時点での第三民事部の中ではもっとも若い。つやのある太い黒髪に意志の強さを感じさせる引き締まった大きな口元が特徴だ。

その松尾は、奇しくも出張尋問の決定が記事として掲載された、昭和十八年三月十五日付の「法律新報」の中に登場している。それも、誌上で行われた座談会出席者の一人として。

肩書きは前任の「東京控訴院判事」が使われている。他の出席者は東京控訴院部長の根本松男、藤江忠二郎、三野昌治、東京控訴院判事の丁野暁春、東京地裁部長の河本喜與之ら。いずれもいわゆるリベラル派として知られ、その一部は戦後の最高裁発足時の派閥抗争で、一方の当事者として登場するメンバーであった。

座談会は「戦時下の裁判道を語る」というテーマである。

この中で根本は「いわゆる戦時型の裁判など考えられない。戦時中でも平素と同じように審理すべき」と述べ、丁野は「時代の情勢に裁判が流されてはいかん」と、軍部に同調しようとする司法省の動きに警鐘を鳴らしている。よく当時、裁判官たちがこのような座談会に集まり、発言し、そして活字にできたものだと感心する。

座談会では、まさに大審院に係属中の、翼賛選挙訴訟も話題に上っている。

河本「今大審院に係属していると伝えられる選挙無効訴訟の事件はその意味において、天下の視聴を集めているのじゃないですか。大審院あたりでも、裁判官は今こそ法官らしい本然の立場を堅持して、毅然たる裁判をやらねばならぬと言って張り切っている人もあるようです」

藤江「とにかくこういう事件の裁判官は気の利いたやりかたをしようなどと思っちゃいけない」

河本「(前略)裁判の結果はともあれ、大審院が鼎《かなえ》の軽重を問われることがあっては、末代までの恥辱と思う(後略)」

三野「(前略)あの事件には僕も大(い)に関心を持っている。いや、僕だけじゃない。おそらく司法部におけるわれらの同僚たる全判事が耳目をそばだてているはずだ(後略)」

最後に、松尾實友が極めて長文の意見を述べている。その一部を引用する。

松尾「私はこう思う。先刻の福田さん（筆者注・司会者）の戦時型裁判と言うことについてだが、裁判所で扱われる事件は国民の実生活の一面そのものである以上、事案の内容に時局色がにじみ出てくることは当然である」

「（中略）しかしながら、もし裁判官が猫の目のように変わり移っていく政治や、国民にある強《し》いをなす権力や勢力に無反省に和していくことをもって御奉公の一面だと心得たり、時局向けの忠実な態度だと考えたりするようだったら、それこそ大変だと思う」

昭和十八年という時期を考えると、松尾のこの発言には驚かされる。戦後この座談に出席した一人の丁野暁春は出版社に迷惑をかけることがないよう、慎重に座談会の原稿に手を入れたと述懐しているが、松尾の「猫の目のように変わり移っていく政治」という言葉には、下手をすればそれだけでも問題となりかねない鋭さがある。

松尾は発言の最後に、この翼賛選挙訴訟について触れつつ、こう締めくくった。

「今日のように国民がこぞって非常時を叫び人々の心がそわそわしているときには、冷静泰然たるべき裁判官もつい引き入れられて、知らず知らずのうちに衆とともにさすらいをせぬとも限らぬ。時局と深い関係を持つ選挙関係の訴訟などについては、殊更この反省が必要と思うね」

記事が掲載されたのは三月で、座談会が開かれたのは一ヶ月前の二月だ。掲載時の肩書きと違って、松尾は実際にはその二月に大審院に異動している。

座談会と大審院着任の日付の前後までは分からないが、同じ月に松尾は大審院の第三民事部へ移っていることからすると、座談会が行われた時点で、既に異動の内示を受けていたか、あるいは自らの異動を知っていた可能性が高い。

仮に大審院のどの部に異動するかまでは分からなかったとしても、松尾の専門は民事であり、通常ならば、民事部へ配属されることは確実だったろう。つまり松尾は、自らが翼賛選挙訴訟に関わることを知りながら、あえて事件に触れた可能性が高い。この一文には松尾がこの裁判をどのように見ていたかが分かるだけでなく、松尾の「覚悟」がにじんでいる、と読み取ることもできる。

座談会の中では、松尾の言葉に対する他の出席者の反応が、わざわざここに限って記されている。根本は《しきりに頷いている》。河本は「松尾さんのご意見を承って、われわれは本当に力強い気持ちがします」と言っている。

まもなく転出し、この難事件にあたることになる同僚へエールを贈っているかのようだ。


それにしても、吉田の部下となった松尾の勇気は、どこから来たのだろう。

前記昭和十五年発行の『大日本司法大観』を見ると、吉田と同じ中央大学を卒業した後、裁判官としては横浜や前橋にいたことはあるが、昭和十年には東京地裁の部長に昇進している。経歴からは私学出身の裁判官としては、順調に出世しているとしか映らない。ただ、それだけでは分からない彼の苦労があった。

松尾は鹿児島県沖永良部《おきのえらぶ》島の出身であった。

遺族の話によると、松尾は島では立志伝中の人物になっていたという。松尾は中央大学を卒業する前の大正五年に、宮崎県師範学校（現在の宮崎大学）を卒業していた。彼は宮崎市の宮崎尋常高等小学校で先生をしていたのである。まじめで、子供たちに慕われていたという。

だが松尾は司法官を志した。東京に出て当時の京橋区の京華尋常小学校に勤めながら、中央大学に通い、裁判官の登用試験に合格した。こういった経歴は、一切司法大観には掲載されていない。

沖永良部島で昭和六十三年に出版された、『えらぶの西郷さん』という本がある。西郷隆盛が沖永良部島に流された時の話を記した、地元の小学生用の副読本だ。話の筋は、流刑中の西郷隆盛が地元の人たちへの教育を施し、学問の大切さを伝えるという物語である。写真を多く使い、子供たちにもわかりやすく記されている。やがて西郷は赦されて鹿児島に戻るが、弟子となった島の人々は、西郷の教えを守り、私塾を作って若者たちを熱心に教育していく。そして、数多くの有能な人材を本土へ送り込んでいった。

この本の中に、大審院判事として正装の松尾の写真が登場する。私塾で教育を受け、その後栄達を遂げた「郷土の偉人」の一人として紹介されているのだ。この本によると、松尾はいわば西郷隆盛の孫弟子ということになる。

吉田久と出身大学が同じだっただけでない。小学校教師を続けながら苦学を重ね、努力によって大審院判事となった経歴も、大審院で「小僧」までして司法官に合格した吉田と似ている。戦時中でも歯に衣着せぬ発言は、働きながら試験に合格して司法官となった自身の経験が裏打ちされていたものに相違ない。

松尾は、戦後司法研修所の所長を最後に裁判官を辞し、東京で弁護士となる。しかしその後脳溢血で倒れ、長く患った後、昭和三十八年に亡くなっている。

「温厚で静かな人でした」というのが、遺族の知る松尾實友の姿であった。

なお、ここで第三民事部の他の裁判官についても触れておこう。

森田豊次郎は大正三年東京帝大卒。神戸地裁部長を経て大正十三年に司法省参事官。法制審議会幹事や東京控訴院部長を経て、昭和九年より大審院判事となる。戦後の昭和二十一年には、他の大審院判事らと共に、司法大臣に裁判所の予算について意見書を提出している。これは裁判所の予算について、司法省が所管していた戦前の仕組みでは司法の独立が実現できない、として予算の独立を求めるものであった。

昭和二十二年には二度にわたって、裁判官任命諮問委員会から答申された最高裁判所裁判官の候補者三十人の中に登場する。だが、結果として最高裁判事として任命されることなく、東京高裁長官代行に就任する。現職中の同年十月に脳溢血で死去。

梶田年は大正二年東京帝大卒。東京地裁部長を経て大正十二年には領事として青島在勤。東京控訴院部長を経て、昭和八年より大審院判事。戦前の陪審制度に関する書籍や、戦時特別法の解説書、また戦後の新憲法についてなど多数の著作がある。長崎控訴院長などを経て弁護士になるが、昭和二十三年、死去。

残る二人の箕田正一、古川鈊一郎は共に審理中に第三民事部から転出する。

炙り出された圧力

汨羅《べきら》の淵に波騒ぎ、巫山《ふざん》の雲は乱れ飛ぶ、混濁の世に我立てば、義憤に燃えて血潮湧く……。

窓の外から聞こえてくるのは「昭和維新の歌」である。ドラマの脚本には、男たちが鹿児島地裁の玄関付近を取り囲んで吉田らの尋問に抗議し、大声の合唱で妨害していた様子が描かれている。

吉田、森田、梶田、箕田、そして新しく入った松尾の五人は、列車を乗り継いで鹿児島に入った。五人は、鹿児島地方裁判所の会議室を借り、手分けをして百八十人あまりの証人尋問を行っていた。

だが、それまでには、訴えを起こした冨吉栄二らの再度の努力もあった。冨吉らは調査を行った人たちに、今度は裁判所への出廷を求めて走り回っていたのである。選挙であれだけの妨害を受けた上、裁判所で県に不利な証言をすることは支持者であっても二の足を踏む。また、出廷しないよう「圧力」もあったという。

ドラマの中では、この「圧力」について、次のようなやりとりが記されている。

――制服の巡査が発言台に立っている。

――被告代理人は緊張した面持ち。

所原告代理人（立って）「証人はこの事実審理に出廷する証人の家を一軒一軒訪問し

たそうですね、（紙片を見て）古池正夫、金森次郎、河上仁助、他に十二、三軒……」

巡査「はァ」

所「あなたはその時、カーボン紙をはさんだ紙をわたし、証言内容をかかせ、一通は警察であずかるが、一通は証人に裁判所へ持ってゆけと、こういったそうですね」

巡査（青い顔で）「……さような記憶はありません……」

吉村裁判長「では、あなたはなぜ、古池証人の所へ行ったのです？」

——傍聴人のかげでメモを取っている特高二人。

巡査「ただ、ぶらっと行っただけです」

所「あなたは、古池さんと知人であるというのなら別ですが、はじめてその日、訪ねた間がらですよ」

巡査「記憶にのこっておりません」

梶判事「証人、もう少しまじめに答えてください。見ず知らずの人の家にぶらっと行って記憶にも残らぬようなことをいって帰ることは常識で考えられますか？」

巡査（汗をふいて）「……」
梶「あなたは、職務としてそういう訪問をしたのですか？」
巡査（苦しそうにツメエリをゆする）「……」
——所原告代理人、すっくと立って——
所「裁判長！　傍聴席のあの二人を出していただきたい！」
被告代理人「なに？」（と立つ）
——メモをしていた二人、驚いて手を止めている。
所「県の特高のようですが、どういう目的でここに来ているのか、お聞きいただきたい」
吉村「そこの二人、官職と名前をいって下さい」
特高A「県の特高課、林田徳三」
特高B「同じく市川信雄」
所「退廷を命じていただきたい」
被告代理人「冗談をいっては困ります。公正な裁判のためにも傍聴は自由なはずです」

所「何が自由なんですか。こういう者が二人もいては、この証人だって、なにもしゃべれないのではありませんか？　これは証人に対する明らかな脅迫です。裁判長、傍聴を禁止していただきたい！」

被告代理人（立っていて裁判長の方を見る）「……」

——吉村裁判長、合議の上、
吉村「全員、退廷を命じます」

——ざわつく傍聴席。

こうしたやりとりが実際にあったのかどうか、今となっては確認できない。ただ、非公開の法廷で出た証人の証言内容は、次のようなものであった。
「村民一般の間に推薦制度支持ということから、自然推薦候補者に投票せねばならぬという気持ちが濃くなってきた」（敷根村村長の証言）
「一般の間に推薦制度を擁護すること、すなわち推薦候補者に投票しようという気分が多くなった」（国分町長の証言）
妨害の実態についても証言が相次いだ。

「(部落常会では)推薦候補者に入れろ、非推薦候補者に入れないという申し合わせが(行われた)」(町の旅館番頭の証言)

「(回覧板には推薦候補の地盤割り当てが書いてあり)この町はその推薦候補者の地盤で同人に投票するように(と記載されていた)」(鮮魚商の証言)

「山野町の国民学校の投票所では、投票した多くの者が推薦候補の名前を書いた投票用紙を、投票管理者や同候補の立会人に見せてから投票した」(投票立会人の証言)

冨吉自身も鹿児島での証言に立った。

冨吉は運動員の自宅に投石や脅迫があったこと、演説会当日には、常会、道路普請、屋根普請、酒宴、野焼きなどの行事がぶつけられたこと、投票当日には有権者に同行者をつけて、投票を監視することまで行われた、と述べている(人名・地名を一部略)。

こうした証言は、いずれも訴状に書かれた妨害の実態を裏付けるものであった。

ただし、これからが問題であった。個別の選挙妨害は、あくまでも一部の違法な行為にすぎない。それだけを積み重ねても、被告側は「現場のごく一部が暴走しただけだ」と逃れることができる。被告側はあくまでも、「冨吉らが負けたのは、時局への認識が足りない候補者自身の責任である」と主張し、多少の「現場の暴走」があったとしても、組織的に選挙結果を歪《ゆが》めたわけではない、と抗弁している。さらには、推薦制度を行ったのは、あくまでも政府とは別の組織だという主張を繰り返す一方で、「翼賛選挙貫徹」という国の姿勢が国民の判断の背景にあったのだとわざわざ記すことで、政府の威光をちらつかせている。

吉田はこの出張中、ついに鹿児島県知事の薄田美朝《すすきだよしとも》（戦後国会議員）を職権で喚問した。県知事を裁判所に呼び出したのである。吉田の意図は、選挙への干渉に関する組織性の有無を、明確にするためだったと見られる。

当時の知事は、現在のように選挙で選ばれるのではない。内務省の官僚が人事異動で就くものであり、吉田と同様に国家公務員であった。その知事を証人として呼ぶことは、極めて異例である。しかも、吉田は鹿児島に出張する前から薄田の喚問を決めており、そのことが公表されていた。

吉田があえて知事を喚問したのは、特に訴状に書かれている、ある内容が大きな理由だったと思われる。

それは県内の学校長に命じられた、推薦状送付の問題だった。選挙の十日前、「校長や教員は次のような文面で個人名の推薦状を出すように」という趣旨の文書が、知事である薄田が兼務する鹿児島県教育会長の肩書きで、県内の学校長に送られていたのである。

通知にはハガキと同じ大きさの、推薦状のひな形が添えられていた。「翼賛政治体制協議会推薦候補者○○氏は最適任と認めますからあなたの一票を同氏にお与えくださいますようお願いします」という内容である。

これが知事によって出されたことが立証されれば、県知事が頂点となって行われた選挙干渉の組織性は、ほぼ決まると言ってよい。

薄田への尋問が行われた日付は明らかでないが、判決から、そのやりとりは一部を再現することができる。記録を元に推定すれば、当時交わされた尋問の内容は、次のようなものだったのだろう。

問「あなたは、特定の推薦候補者に対する支援を行ったのではないか」
薄田「一切行っておりません」

問「なぜ、行わなかったと言えるのか」
薄田「大政翼賛会からも、特定の人間の当選を斡旋するような行為は、厳に慎むよう指示を受けておりました」
問「県知事である証人は、大政翼賛会の県支部長も兼ねているはずだ。違法なことは知っていたのではないか」
薄田「閣議決定された翼賛選挙貫徹運動基本要綱の趣旨に従って、啓蒙運動や倫理化運動を展開したことはあります。しかし、特定の候補者を当選させるようなことは命じておりません」
問「実際に違法なことはやめるよう、指示を出したのか」
薄田「選挙運動と誤解させるような啓蒙運動はこれを打ち切り、差し控えさせました」
問「差し控えさせた証拠は」
薄田「口頭ですので、証拠はありません」
推薦状の発送を呼びかけたとされる、薄田名の通知についても、尋問されている。

問「証人の名前で、推薦候補者が適任者だから一票を投じろ、という推薦状を出すように命じた文書が証拠として提出されているが」
薄田「私は知りません」
問「では、誰がやったのか」
薄田「副会長だと思われます」
問「あなたの名前が書かれているが」
薄田「勝手に書かれたのです」
問「勝手に書かれたといっても、証人の名前で出されたこの通知が、特定候補者の当選に有利になったとは思わないか」
薄田「そんなことはないはずです」
問「影響がないという理由を挙げてみよ」
薄田「……」
現場は緊張に包まれていただろう。

薄田は鹿児島県のまさにトップであるばかりでなく、天皇の勅任官でもある。一方で質問をぶつけた吉田もまた勅任官である。司法と行政の高等官同士が、訴訟の行方を左右する場で争ったのである。結局、薄田は尋問で妨害の事実を全て否定したが、自らの言葉を証明する証拠を提出することは、できなかった。

松尾實友の遺族の元に、この出張尋問時と見られる写真が残されている。

写真の裏に書かれているメモ書きから、撮影されたのはいずれも昭和十八年三月二十一日と分かる。場所は「肝属《きもつき》郡海潟温泉」と「桜島溶岩道路」と記されている。海潟温泉での写真は、旅館の庭と思われる場所で、六人が浴衣姿で並んでいる。珍しい浴衣姿の吉田は、ややくつろいだ表情をしている。桜島の溶岩道路で撮影された写真は、太った森田と小柄な箕田、それに梶田の三人が国民服で、吉田と松尾はスーツを着ている。尋問の合間に観光を楽しんだのだろうか。

写真に写る吉田は、そのほとんどが整った背広姿である。遺族の話では、吉田は戦時中も頑なに国民服を着なかったという。

「国民服は嫌いだ」というのが、その理由であった。

肝属郡海潟温泉の旅館の庭で
左より箕田、小林（鹿児島地裁所長）、森田、吉田、梶田、松尾

桜島溶岩道路で
左より小林（鹿児島地裁所長）、森田、梶田、吉田、箕田、松尾

吉田の出張尋問については、誰が同行し、どういうスケジュールだったのか、正確なことは分かっていない。だが、この写真からは転勤によって判決文に名前を残さない箕田と、転勤したばかりでまだ代理判事だった松尾が審理を担当し、第三民事部のもう一人の裁判官古川鈊一郎は加わっていなかったことが分かる。古川は松尾の遺族が保管していたこの出張時の他の写真にも姿がなかったことから、おそらく東京に残っていたのだと考えられる。

五人と共に写真に収まっている小柄な男性は、風貌から鹿児島地裁所長の小林右太郎と見られる。裁判所での尋問に協力した小林は、一緒に観光案内も買って出たのだろうか。

写っている写真は、吉田が常に中央に位置している。写真に写る裁判官たちは常に全員揃い、チームワークも良かったのだろう。

鹿児島地裁の所長は、おそらく吉田の出張中に人事異動が行われ、小林右太郎から三雲住三郎に替わる。裁判所での証人尋問はその間も順調に行われていることから、後任の三雲もまた、吉田のために協力していたと思われる。

顔のみえる判例

もちろん、吉田は翼賛選挙訴訟だけをやっていたのではない。吉田が部長を務める第三民事部には、様々な訴訟が係属していた。現在の最高裁判所は、憲法違反や判例違反などに限って審理すればいいのが原則だ。それ以外は実質的な審理を行わず、決定で棄却できる。いわば、事実上、門前払いで退けることができるのだ。しかし戦前の大審院は全て判決を出すことになっていた。それだけに、吉田の抱える裁判は実に幅広い。

では、当時吉田がどんな裁判を担当していたのか。少しだけこの翼賛選挙訴訟から離れて、当時の裁判記録を見てみることにしよう。

「商標登録訴訟」

戦前も知的所有権の訴訟は多い。その中で吉田が裁判長として担当したクレヨンの商標をめぐる裁判を見てみよう。

この判決は鹿児島出張直前の昭和十八年二月に出された。原告は花王石鹼株式会社である。商標は二人の児童が三日月の下に腰掛けている絵に、小さく「カオークレオン」という文字を書いたものであった。ところが、明治四十年には既によく似た三日月の図形を使った「月顔印」という商標の鉛筆があったのである。

花王石鹼は「カオークレオン」で商標登録を出願するが、特許局は図が「月顔印鉛筆」と似ている、という理由で登録を拒絶していた。

「カオークレオンと書いてある以上、商標としては別ものだから商標登録を認めるべきだ」というのが、会社側の主張であった。一方の特許局は文字が異なっていても、そこに描かれている絵が似ている以上、商標を認めるのは問題であると反論している。

このように図形が主で文字が比較的小さい場合、商標の類似性をどこまで認めるかというのは、今も争点になることがある。

結果として判決はこれを商標としては認めなかった。カオークレオンは図形と文字が組み合わされた商標だが、図形が圧倒的に顕著であり、文字は飾り程度に見てもおかしくない、として「月顔印」の鉛筆と類似して混乱を招くと結論付けたのである。

判決はこの商標を文字で几帳面にこう説明している。

「本件商標、すなわち正方形の上辺および左右両辺に淡藍色の帯地を残して内部を赤色に塗りつぶし、その中央に淡藍色黄色淡黄色及び薄桃色などをもって人面を表したる三日月の図形を顕著に表わし濃藍色淡藍色褐色緑色及び黄色……」

裁判官室の机に、色とりどりのクレヨンを並べて考え込む吉田の顔が浮かんでくるようだ。

「賃搗《ちんづき》訴訟」

鹿児島から帰って間もない昭和十八年七月には、賃搗という精米業の仕事をめぐる裁判で判決を出している。精米業といっても現在と違って小規模な個人営業が多かった時代である。

裁判はこの精米業を営む男性に対して起こされた、貸し金請求の訴えだった。

昭和八年に共同経営していた別の男性が撤退することになり、残っていた借金を被告の男性が、一人で負うことになった。ところが、この債権が別の人間の手に渡り、そこから「金を返せ」と訴えられたのだ。困った男性は「商工業の貸し金は五年が時効だ」と争った。しかし二審は「男性は個人で経営しており、商工業とは言えない」と指摘し、百四十円の支払いを命じたのだった。

争点は当時の言葉で言う「賃搗」が商工業なのかどうか、というものだった。判決の理由はユニークである。商工業かどうかを規模や業態で場合分けするという定義付けを行ったのだ。

まず、商工業にならない場合について、吉田らはこう定義付ける。

「賃金を得て精米をなす、いわゆる賃搗の業務は従事者が主として自己の労力を以てし、精米発動機その他の機械器具を使用するも、自己の労力を補助するに過ぎざるものなるにおいては、もっぱら賃金を得る目的に出づるものとして、商的色彩を欠く」

手間賃をもらって、自分の手で細々と精米するようなやり方は、商業とは言えないというのである。

では、どういう場合は商工業なのか。

「相当の資本を投じ、主として機械力を利用する設備経営の元に精米を請け負う場合のごときは、加工業として商行為に属するものと解するを相当とすべく、ことさらに籾を買い入れ、これを精米して販売するは投機購買及びその実行行為として絶対的商行為たること疑いなきところ」

このように場合分けをして、「この枠組みに沿って商工業かどうかを判断するために、訴えられた男性がどのくらいの規模で経営していたのか、もう一度調べ直せ」と地裁に差し戻した。

ところが、記録をよく読んでみると、これは結果的に訴えられた男性を救うために出している判決だと分かる。

というのも、男性は裁判の中で、自分の仕事について「資本金千円くらいにて精米機を使用し」「賃搗きの外で籾を買い入れてこれを白米として売却せる」と陳述しているのだ。

判決が「商工業に該当する場合」と示した基準は、明らかに訴えられた男性のケースを踏まえて書いている。大審院の差し戻し理由に地裁は従わなければならないため、訴えられた男性の仕事は「商工業」と判断されて、借金は時効で帳消しになったのだろう。

「子の親に対する訴え」

大審院の判例集を見ていると、どういうわけか吉田の第三民事部には家庭問題の裁判が目につく。

訴訟そのものは順番に係属するはずなので、おそらく偶然だったのであろう。その中で、昭和十八年七月には親子の間で起きた損害賠償請求事件を担当しているが、判決は吉田節とでもいうべき名調子が記されている。

舞台は茨城の農村。訴えた長男は多額の資産を持って、裕福な暮らしをしている。訴えられた母親は貧しい三男の元に身を寄せていた。母親は暮らしていくために、長男の土地を三反ほど無断で借りて畑を耕していたが、長男は「勝手に人の土地を使った」と、損害賠償を求めたのである。

ひどい話だけれど、二審は「母親といっても勝手に使ったのは事実だ」と二百円あまりの損害賠償を命じた。これに対して母親が「あんまりだ」と上告したのである。

これに対する吉田裁判長の判決文は、ほぼ全編説教に近い。その矛先は長男だけでなく、二審判決にも向かう。その指摘をかいつまむと、こうなる。

「長男は十万円もの資産で贅沢な暮らしをしているのに、母親は年老いて病弱。鉄道省の一雇員にすぎない三男の元で、細々と養ってもらっている。しかたなく暮らしを維持しようと長男の土地をわずかに借りて、畑を耕していたのだ。二審はこんな事情を全く考慮しないまま長男の訴えを認めているのだから、まったくもって非難を免れず、その判決は違法と言わざるを得ない」

（文章の一部を要約）

さらに吉田裁判長の判決文には、こんな言葉が出てくる。

「我が国古来の醇風《じゅんぷう》たる孝道の見地より、この請求の当否を検討する要がある」

大審院で「孝道」とは意外だ。ここでの判断基準はもはや法律だけではないのである。

法には法律以外に、「慣習」や「条理」も含まれる。吉田が裁判長として言い渡した判決は、これらを駆使している。

「現在の法制のもとにおいては、親なればとて子の財産を不法に侵害したるときは、子は救済の訴権を行使できないわけではない。しかしながら、道義に反する訴権の行使は、真にやむを得ない場合を除けば、醇美なる我が家族制度の精神にそむき、孝道をもって百徳の基とする我が国民古来の道義に反し、許されざるものと言わざるを得ない」

（文章の一部を要約）

かくして裁判を地裁に差し戻した。

判決に「古来の道義」、という表現を使うところもすごいが、この裁判については吉田自身が戦後回想している。

「どうも自由のはきちがいから、子は子である。親は親だと、親を養う必要はないのだ。親は自分でやればいい。（中略）親が困っておるのに子供のものを勝手に使ったからといって子が親を訴えてそして損害を取るというようなことは少し権利の濫用、それから誠実に反する行為ではないか。子の親に対する誠実義務にそむくことになるのではないか。そうなるとやっぱり少なくとも訴える訴権は認むべきではないということになるのではないかと思います」

吉田の第三民事部では他にも、結婚していた女性の実家が、婚姻届をなかなか出さない義父を相手取って起こした裁判で、「同棲をしている上に、親族を集めて結婚式をしたのだから、父親はすぐに婚姻届を出さなければだめじゃないか」と義父側敗訴の判決を言い渡している。

どうも、こういった裁判では吉田は説教口調になるようだ。

判決そのものは、五人の裁判官の合議で出されているので、吉田一人の意向が反映されているわけではない。それでも判決文からは、吉田の人柄が浮かび上がってくるのが分かるだろう。

借金の男性や生活に困窮する老母のような社会的弱者に目配りを怠らない一方で、家庭に対しては保守的な考えを持っている。法律の条文だけにとらわれることなく、時には法律の枠組みさえ飛び越えて、自らの哲学や正義に沿って答えを導き出していくのだ。異色の裁判官だったことは間違いない。同時に、きまじめで正義感が強く、ちょっと古くて頑固。判決文からは、そんな吉田の人間性がにじんでくる。

強くなる風当たり

吉田らが鹿児島での証人尋問を終え、無事に帰京してからまもない昭和十八年七月のことである。

「法律新報」にある記事が掲載された。

大審院長の長島毅によるその文章のタイトルは「戦争と法律」であった。

「何でもか（ん）でも勝たねばならぬ。勝ちさえすればよいのである。わが国のすべての人と物と力はこの目標に向かって進まねばならぬ、また進みつつある。（中略）法律もまたこの方向に向かって進むべきである。人と心と物との動きに立ち遅れた法律はただ屑籠に捨て去られて顧みられない反古紙でしかあり得ない。法律は急転回をせねばならぬ、またしつつある。人と心と力の結集は法律を戦争の目的へ目的へと追い込みつつある。ただ、法律はこの急展回の最中に於いて、その中心を失ってはならぬ……」

これが司法に携わる者の言葉であろうか。

勝ちさえすればよい、という露骨な表現。その目的のためには（中心を失ってはならぬ、という言葉を補いつつも）法律をねじ曲げろと言わんばかりの命令。現場に与えた衝撃は想像に難くない。

とりわけ筆者の長島が官僚ではなく、大審院長であり自身も第五民事部（のち第一民事部）の部長を務めている裁判官というところに、発言の深刻さがある。法を守る立場の裁判官のトップが、「法律を急転回せねばならぬ」と、露骨な時局への協力を要求したのである。

現実にはこれより前から、司法省の幹部が公の席で、裁判官に対して時局への追随を求めることは珍しくなかった。「聖戦完遂のために、司法官も協力を怠ってはならない」

「反戦反軍的言動は、徹底的に取り締まらなければならない」という趣旨の発言は、各種の会合で司法大臣や司法次官らが繰り返している。その意味では、長島の文章も特異とは言えない。大審院長として、遅まきながら時局に従ったと見ることもできるだろう。間違いないのは、裁判官たちは、こうした言葉が公然と述べられる中で、裁判を続けざるを得なくなったということである。

このころから、吉田に対する圧力が現実のものとなる。

思いがけない人事異動があったのである。鹿児島の出張尋問で吉田が厳しく問いつめた県知事の薄田美朝が、尋問直後の四月二十二日付で、警視総監に就任したのだ。尋問相手が桜田通りを挟んで、大審院の斜め向かいにある警視庁のトップになった。それと同じころから、吉田に監視の目が及ぶようになる。

特高の尾行を受けるようになったのだ。

吉田の家族は戦後になって、吉田が特高から監視を受けていた話を詳しく聞いている。自宅から大審院への通勤の時、目つきの鋭い男がずっと吉田の後を付けてくるのである。吉田の自宅には書記が書類を受け取りに来ることもあった。特高はこうした職員をも尾行することがあったという。

さらに、吉田が講師を務めていた大学の教室や、講師の控え室にまで特高が来ていたという。これでは、監視というよりも嫌がらせに近い。

吉田に対する監視が、薄田による単純な意趣返しだったとは考えにくい。当時思想的に問題があると判断された裁判官が、当局の監視対象になることは、決してまれではなかったからである。吉田は、警察の目にさらされながら、審理を続けざるを得なくなった。また、警察だけではない。吉田の妻は戦後「一時は、自宅のまわりがずらりと憲兵に取り囲まれた時もありました」と話している。


司法までも時局への協力を強制される時代。現場の裁判官は反発し、司法の独立を守ろうと立ち上がらなかったのか。当時の資料を見ると、むしろ逆であった。一部ではあるが、軍部の意向に沿うように、時局向けともいえる判決が出ているのが分かる。

昭和十七年十二月には、東京控訴院で懲役八ヶ月の判決が言い渡される裁判があった。被告人は出征中の軍人の妻と情交する目的で、二回にわたってその自宅に立ち入ったために起訴されていたのである。問題は罪名だった。「住居侵入罪」に問われていたのだ。出征中だから主人はいない。そして情を通じている以上、居住者である妻の承諾を得て家に入っているのは当然である。しかし、東京控訴院は検察側の主張を認めて、住居への不法な侵入が成立すると判断した。「住居侵入罪の本質は、わが国では家族生活の平穏を害する公共犯罪の一種であって、欧米のごとき個人の権利にたいする犯罪と解すべきではない」というのが、有罪とした理由だった。

憲法学者の美濃部達吉は、戦時中の判例批評で、この判決を「到底賛成し得ない」と批判している。

美濃部は「夫の不在中は妻が一家を主宰するもので、妻の許諾を得て家に入っても、もちろん住居不法侵入にはならない」と述べている。「この事件は、本来姦通罪にあたるものなのに、夫の告訴を待たずに、家に入るという手段だけで独立の犯罪としてしまうのは不当である」というのが、美濃部の意見だった。

美濃部は同種の事件で大審院が同様の判断を行ったときにも、「それなら家族の友人が家を訪ねてきても、主人が気にくわなければ住居不法侵入になるのか」と皮肉を記している。

判決は「軍人の妻」という部分が影響していると考えるべきだろう。出征中の兵士が後顧の憂いなく戦場で戦えるように、という配慮が滲んでいるように感じられる。

昭和十四年三月に出された別の事件の判決についても、美濃部は著作の中で厳しく批判している。

それは紡績会社の社長らが、綿糸の配給統制規則違反に問われた裁判だった。大審院は有罪を不服とする業者の上告を退けている。美濃部が憤慨したのは、大審院の判決内容に対してではない。判決文に判断の根拠として書かれた、次の一文に対するものだった。

——かく解することは、いわゆる国策に合するものというべし。

美濃部は言う。

「政府の政策に迎合することが、法令の正常なる解釈の理由になどならない。厳格に行うべき罰則の解釈を、政治的見地に基づいて左右する傾向が見られるのは、はなはだ遺憾となさねばならぬ」（文章の一部を要約）

判決文に堂々と「こう解釈した方が、国の意向に一致するだろう」などと書かれたら、被告人はたまったものではない。ここまで露骨な例は少ないにしろ、判決を起案するとき、当時の多くの裁判官の脳裏に国策の二文字が浮かんだことは、容易に想像できるだろう。

そして、大審院長の文章が雑誌に掲載された四ヶ月後の昭和十八年十月二十九日。吉田の恐れていた判決が出される。

大審院第二民事部の矢部克己裁判長が、長崎一区と福島二区の翼賛選挙訴訟で、いずれも原告敗訴を言い渡すのである。

提訴から一年あまり、矢部裁判長は書面と一部の証人から話を聞くだけで、同じ日に立て続けに訴えを退けた。

判決は指摘する。

「単に選挙に関係ある官公吏が、ある団体の推挙する候補者のために選挙運動または選挙干渉をなしたりとの一事をもって、直ちに該選挙は選挙の規定に違背しておこなわれたりと為し、それを理由としてその選挙の当然無効を云為《うんい》するの当を得ざるは明瞭なり」

官僚が選挙運動や選挙干渉をしたとしても、それだけで直ちに選挙は無効にできない、という。審理を続行している吉田、そして第一民事部と第四民事部にとっても、厳しい判断というほかない。

矢部の判決はさらに、個別の選挙干渉についても、過小な評価を行っている。警察官などによる選挙妨害と認められるような一部の活動は認めつつも、「それが選挙の結果を左右したとまでは、到底言うことができない」というのである。

だから選挙を無効にできるケースではないと、結論づけたのである。

では、推薦候補者だけが大量に得票したのはなぜだったのか。判決はその理由として「本件選挙に際し行われた、啓蒙運動ないし倫理化運動の効果として、選挙民の間に浸透せる、現下の重大なる時局の認識に由来するところもまた少なからず」という理論を展開させている。

翼協の行ってきたことは、一部を除けばあくまでも啓蒙活動などにとどまっており、選挙結果は、その活動が功を奏して有権者の時局協力の意識が高まった。だから推薦候補の得票の伸びは、有権者が自ら判断したことだというのである。

判決は時勢に忠実であり、統制の一翼を担う裁判官の姿を示すものであったと言えよう。

だが、矢部らの調べた証人は、判決文で見る限り三十名程度であり、わざわざ出張尋問して二百人近くを調べた吉田の部よりも大幅に少ない。県知事を証人として呼ぶこともなく、個別の事実認定は吉田と比べるとおろそかにされていたと言わざるを得ない。念入りに審理をやればやるほど、選挙の結果を左右するほどの違法行為が明らかになるのだから、当然であろう。ほどほどで打ち切ってしまわないと、原告が有利になるばかりなのだ。

しかしこの判決は、唯一の好判断をしてくれている。

それは、提訴の時に吉田が呼びかけて会議を行った、衆議院議員選挙法八十二条についての解釈である。「選挙妨害」でも選挙無効の要件である、「選挙の規定に違反する場合」に含むことができるかどうかという部分であった。

前年に行われていた会議では、訴訟が係属した民事部の裁判長たちは吉田の主張に同意していた。つまり、「選挙妨害でも法律上、規定の違反に該当し、選挙を無効にすることはできる」と申し合わせていたのだ。矢部は判決でも、この判断だけは打ち合わせ通り維持してくれたのである。

判決は、この法律解釈について項目を設けている。「選挙干渉によって対立候補の当選を不可能にさせるような場合は、選挙は自由で公正とは言えず、規定違反として選挙を無効にすることができる」とはっきり記している。ただし私が受け持った訴訟では、そこまでひどくはなかった、というわけだ。

吉田はおそらく、この一文にほっとしたことだろう。矢部の判決がもし、選挙妨害をいくら重ねても、選挙を無効にできないと判断していれば、原告が勝訴する道は、事実上絶たれることになる。仮に吉田が強引に別の解釈をすれば、今度は大審院内の判断不一致に陥る。

だが、解釈上は選挙妨害でも選挙を無効にする道が残された。後は個別の事例判断に委ねることができるようになったのである。あるいは、時局に沿わざるを得ない判断をした矢部が、吉田らとの約束を守って、裁判官としての良心を示したのかもしれない。

風当たりの強くなる吉田にとって、このころ、もう一つ大きな出来事があった。陪席裁判官の箕田正一が転出し、後任として長崎控訴院の部長だった武富義雄が、昭和十八年六月に着任したのである。

翌年さらに古川鈊一郎が転任し、代理判事だった松尾がその後に座ることになる。武富の着任によって、この裁判の判決を言い渡すことになる五人の裁判官が、ここで全員揃うことになった。

だが、武富が来た当初の、吉田の心中はどうだったろうか。危険を冒して鹿児島にまで出向いた裁判官たちの結束は、固かったと思われる。上司であるだけでなく、全国の裁判所のトップでもある大審院長が、明らかに時局よりに舵を切り、それに従って当局の意に添う判決が出される中で、自分と志を同じくする部下こそ、吉田にとっては最大のよりどころだったはずである。

そこに、現地調査に赴いた箕田が転任し、替わりに現場を経験していない武富が部下として着任するのである。

武富義雄は明治二十三年に生まれた。佐賀県嬉野町の造り酒屋の長男であった。普通であればそのまま酒屋を継ぐところであったが、学業が優秀だったため熊本の第五高等学校に進んでいる。その後「酒屋に学問はいらない」という父親に頭を下げて東京帝大に入ったという。

大学ではローマ法を研究し、卒業後裁判官になった。

だが、そこからの武富の経歴はエリートコースとは言えなかった。神戸地裁、高松地裁、神戸地裁、長崎控訴院、福岡地裁と、西日本廻りを続けるのである。この間、司法官試補時代を含めて東京には一切縁がなかった。

この間の事情は、武富義雄の子息の潔氏から、話を聞くことができた。潔氏によれば、武富義雄は無口で静かな反面、上司におせじを言って出世を目指すような真似はできず、またこうした行為を嫌っていたという。たびたびの転勤では、トラックの荷台一つが本で埋まるほどの勉強家だった。潔氏は、「静かで、子煩悩で、そうしてとても優しい父でございました」と語っている。

長崎控訴院時代の武富は、「佐世保捕獲審検所」という組織の判事も兼ねていた。これは交戦国に拿捕された船に対して、その拿捕が適正だったかどうかを審理する組織である。このため武富は、シンガポールや上海に長期出張を命じられることもあった。

そんな武富が大審院判事に抜擢された理由について、潔氏は昭和十四年に上司の長崎控訴院長に転勤してきた三宅正太郎の存在を、理由の一つに挙げている。三宅は戦前の司法界でその人ありと言われた刑事裁判官であった。名文家としても知られ、その著作『裁判の書』は今も復刊されて、読まれ続けている。

その三宅は、黙々と裁判に取り組む武富の仕事ぶりに感心し、家族ぐるみでつきあうようになる。潔氏もまた、院長官舎に住む三宅の元へ何度も遊びに行ったことを覚えている。三宅は翌年、司法次官に転出し、昭和十六年には吉田と同じ大審院の部長に栄転する。武富は大審院に戻った三宅と、その後任の院長の二人に引き立てられたのだという。

上京してきた武富は、神楽坂を経て昭和十九年頃に、滝野川の吉田の家に家族で引っ越してきた。

吉田との間で、当時どのようなやりとりがあったのかは分からない。ただ、戦時中でなかなか家を見つけられない武富一家のために、吉田はわざわざ自分の暮らしていた家を貸したのだった。そして、吉田自身は自宅を出て、当時逗子に持っていた別荘に妻と移っていった。

少年だった潔氏は、自分たちのために家を明け渡してくれた吉田の優しさを今も覚えている。さらに、転校して中学校に入る時には、吉田が身元保証人になってくれた。物静かで優しい人、そして立派な人、という印象を子供ながら受けていた。

潔氏は父である武富義雄について、今も忘れられない光景がある。

それは、戦時中、逓信省に勤務する自分の叔父が、一升瓶を抱えて滝野川の家に遊びに来た時のことだった。

武富は造り酒屋の長男だけあって、酒に強かった。いくら呑んでも酔っぱらうことはない。灯火管制の薄暗い部屋で酌み交わす二人の声が、隣の部屋にいる潔氏の耳にも、ぼそぼそと届いてきた。

——義兄さん、この戦争は、もうダメですよ。

——うん。それにしても、あのヌエのような大政翼賛会が……。

少年だった潔氏は、父親の言葉に耳を疑った。

それは「戦争に負ける」ということに対してではない。普段無口で時局について口にすることがない父親が、はっきりと当局を批判する言葉を述べたことに、驚いたのである。潔氏は同じころ、武富が何かの折に言った「翼賛選挙は汚い選挙だ」という意味の言葉も聞いたことがあったという。

自分の仕事の中身を、武富が家で語ることは一切なかった。そのため、潔氏は父親が翼賛選挙訴訟を担当していたことすら、知らなかったという。戦後六十年経って、武富の業績を知った潔氏は「あのときの父の言葉が理解できました」と語ってくれた。

東條演説事件

今の最高裁判所は、半蔵門から三宅坂に向かう途中の隼町にある。一万一千坪の敷地に、鉄筋コンクリート五階建てという巨大な建物である。

晴れた日には建物の表面を覆う乳白色の御影石が、青い空に突き出て鈍く映えている。どこから見ても非対象な岩山のようにも見えるその建造物は、独特の形状から「奇岩城」とも呼ばれる。

普段は人の姿も少ないこの建物だが、毎年春から初夏の一時期になると、大いに賑わう。

全国から裁判所長、高裁長官が一堂に集まる「全国裁判所長官所長会同」が開かれるのである。その日、最高裁判所の巨大なホールには、ぐるりと二重に長机と椅子が並べられる。出席するのは北海道から沖縄までの家裁、地裁、高裁の所長や長官。そして十五人の最高裁判所裁判官に事務総局の課長や局長など。出席者は総勢で二百人になる。

〝会同〟という名前こそいかめしいが、内容は裁判の実務に関する議論の場である。例えば現代であれば「裁判員制度に向けた各裁判所の取り組み」のように、時代ごとの現場の課題が議論の対象となる。

何度も会同に出席したことのある幹部によれば、この日のために、各地の所長や長官は、事前に部下である裁判官たちから意見を聞いて上京してくるという。だから、彼らは自分の好き勝手を喋るのではない。各地方組織としての見解を持ち寄ることになるのだ。地域の実情は様々だけに、当然対立する意見もあり、時には議論が白熱する。最後は最高裁事務総局の幹部がとりまとめて、丸く収めることも多い。会同は例年二日にわたって行われ、各幹部は話し合いの結果を地方に持ち帰って、実務に反映させていくことになる。

この会同、実は明治時代からの長い歴史を持っている。

戦前は「全国司法長官会同」と呼ばれた。参加するのは、今のように裁判所幹部だけでない。検察幹部と司法省の幹部、そしてトップとして司法大臣が臨席する。当時は裁判所も検察局も司法省の下に置かれていたため、このような形式が取られていた。もっとも、議題は今と同じように実務に関することであり、会議が開かれる時期も、やはり春だった。

ただ、昭和十九年だけは、違った。

冬の二月二十八日に臨時会同が開かれたのである。戦時中に全国の幹部が呼び出されて司法省の会議室に集合させられた。

広い部屋をぎっしりと埋めた司法官の幹部という光景は、現在と同じである。ただ、今と違うのは、全員が昼食時に宮中に参内した後、官邸に出向き、内閣総理大臣と昼食を共にするという行事があったことである。会議そのものはあくまでも司法官だけで行い、午餐の席で総理大臣と同席する、という形をとることで、司法官たちは内閣との距離を微妙に保とうとしていた。

この昭和十九年も、百二十八名が、昼食時に桜田門の司法省から宮城に入り、天皇陛下に拝謁している。さらに彼らは官邸に出向いていった。

待っていたのは、東條英機である。陸軍大将の軍服姿に長靴《ちょうか》、腰にサーベルを吊るしていた。例年であれば出席者のほとんどは、司法大臣や大審院長が総理大臣と当たり障りのない会話を交わすのを聞きながら、味気ない昼食をとるだけだった。

だがこの年、出席者を啞然とさせる出来事が起きる。

出席者の一人、下飯坂潤夫《しもいいざかますお》（戦後最高裁判事）は、この日のことを、こう書き記している。

「総理大臣東條大将が出席して、一場の威圧的大訓示をした。（中略）花道からせり上がった、仁木弾正《にっきだんじょう》のようなせいさんな顔をして、われわれを睥睨しつつ、すご味のきいた、大演述をぶったのである。その内容は確（か）に、われわれ裁判官として聞き捨てならぬものであった」

下飯坂は、戦局悪化に焦燥した東條が、自らの演説を司法官に聞かせたいがために、あえてこの時期に会同を開かせたのではないか、と推察している。

吉田久がこの会同に出席していたのかどうかは、資料がない。法務省が戦後まとめた『続司法沿革誌』には、出席者は地裁所長、控訴院長、そして大審院院長「など」と記されているが、同じ大審院でも、吉田のような部長が出席したかどうかの記述はない。当時の大審院の部長は、ちょうど地裁所長と控訴院長の中間程度の地位にあたると見られる。さらに戦後の会同には、最高裁の長官だけでなく最高裁判事も全員が出席している。このため吉田がこの場にいた可能性も考えられるが、この点ははっきりとしない。

吉田自身は戦後「東條首相がサーベルをがちゃつかせて裁判所に乗り込んできて、『裁判所はけしからん、時局をわきまえない』と言って回っておりました」という回想を残している。こうした事実は他の資料からは見あたらないため、会同で行われた東條の演説のことを指したものと思われる。ただ、実際に問題となった演説は、裁判所でも司法省でもなく、官邸で行われていたのである。

それにしても、吉田が「東條が裁判所はけしからんと言った」とされる部分、下飯坂が記した「聞き捨てならない東條の『威圧的大訓示』」とは、どのようなものだったのか。

当時の新聞には、この日の東條の演説内容が掲載されている。とりわけ専門誌の「法律新報」には「東條首相烈々の訓示」と題して、長文が掲載されている。内容はまず戦局の説明から始まり、四百字詰めの原稿用紙にして二十枚近い長文である。

だが、読む限り驚くほどの内容はない。東條は繰り返し〝一億国民の結束のため司法も迅速なる協力を〟と呼びかけている。また、「必勝のための司法権の行使」とか、「思いきった措置をとってほしい」という言葉もあって、今読むと確かに司法の独立を脅かす発言を連発しているが、これまでの司法省幹部や大審院長の発言を考えれば、「威圧的大訓示」というまでには思えない。もちろん、裁判所はけしからんという言葉も見あたらない。

下飯坂らの回想と、当時発表された東條の発言との〝ずれ〟はなぜ生じたのか。

この答えは、『司法権独立の歴史的考察』という書物の中にある。この本には明治以降の司法官幹部の訓示などが例示され、司法権の独立が当時、文字通り骨抜きとされていった経緯が記されている。

ここに、当時新聞には公表されなかった、東條の訓示の非公開部分が紹介されている。文書は謄写版で「司法官会同ニ於ケル内閣総理大臣訓示」と表記され、〝秘〟の朱印が押された上で、カッコ書きで「新聞紙発表ノモノト相違ノ点アリ長官限（リ）トシ取扱御注意ヲ請フ」と書かれているという。

文章に前後のつながりがあるので、まずは新聞にも掲載された公開部分から紹介する。

「どうか諸君におかれましては、この点をとくと肝に銘じ、思い切った措置を講ぜられんことを、特に、強く、希望いたす次第であります。

要するに、この際諸君は、従来の惰勢を一切放擲し、司法権の行使をして、正しく必勝のための司法権の行使たらしめたいのであります。

どうか諸君におかれましては、虚心坦懐、内に省み、執るべきは速かに執り、改むべきは直に改め、大胆率直に、しかして敏速果断に職権を行使せられたいのであります。特に、いわゆる時局犯罪の敏速なる処理につき、この点を強く期待するものであります」

新聞に公表された演説内容は事実上ここまでで終わる。実際に演説がここで終わっていれば、さほどの問題はないようにも思える。しかし実際には、ここから当時非公開とされていた部分に続くのである。

「従来諸君の分野に於いて執られてきた措置ぶりを自ら批判もせず、ただ漫然とこれを踏襲するとき、そのところに、果たして必勝司法の本旨にそわざるものなきやいなや、とくと振り返ってみることが肝要と存ずるのであります。

（中略）私は、司法権尊重の点に於いて人後に落つるものではないのであります。しかしながら、勝利なくしては司法権の独立もあり得ないのであります。かりそめにも心構えに於いて、はたまた執務ぶりに於いて、法文の末節に捉われ、無益有害なる慣習にこだわり、戦争遂行上に重大なる障害を与うるがごとき措置をせらるるに於いては、まことに寒心に堪えないところであります。

万々（が）一にもかくのごとき状況にて推移せんや、政府と致しましては、戦時治安確保上、緊急なる措置を講ずることをも考慮せざるを得なくなると考えているのであります。

かくしてこの緊急措置を執らざるを得ない状況に立ち至ることありと致しまするならば、この国家のためまことに不幸とするところであります。

しかしながら、真に必要やむを得ざるに至れば、政府は機を失せずこの非常措置にも出づる考えであります。この点については特に諸君の充分なるご注意を願いたいものと存ずる次第であります（以下略）」


戦争遂行に障害を与えるような判断をすれば、政府は非常手段をとる――。

まさに脅し文句である。

後にこの演説は、法曹界で「東條演説事件」と呼ばれることとなる。演説の間、各地の所長や院長らはずっと静まりかえったままで、誰一人として発言するものはなかったという。

裁判所の幹部たちは、東條の言葉をどのような思いで受け止めたのであろうか。東條の恫喝は、出席者の中でも元々の治安維持を担当する検察官ではなく、明らかに国相手の訴訟や治安維持法違反の刑事事件などを抱える裁判官を、念頭に置いたものであった。

そして吉田久もまた、東條のいう「非常措置」の標的であったことは間違いない。この場に吉田がいなかったとしても、大審院の近くで行われた東條の発言内容は、彼の耳にもすぐに届いたはずだ。吉田の胸に冷たいものが流れただろう。

この東條演説事件は、もう一つのエピソードを残している。出席者の中でただ一人、広島控訴院の院長だった細野長良が東條の言葉に強く反発し、長文の意見書を東條と司法大臣の岩村通世に宛てて送りつけているのである。

この中で細野は言う。

「非常措置に出づるの用意ありとまで極言せられたるは、まことに空前にしてほとんど絶後とも称すべく、まさに峻烈骨を刺すものあり」

その上で細野は、司法行政監督権は法律によって司法大臣にあると規定されており、内閣総理大臣にそのような権限はないこと、裁判に批判を加えるような言葉を述べるだけでなく、非常措置などと強言することは、天皇陛下の名において行う裁判に対して許されないところである、と断じている。

「あなたにそのようなことを言われる筋合いはない」という細野の指摘は全くその通りであって、司法行政への監督権のない総理大臣があれこれと命じてしまえば、司法の独立どころか、三権分立も崩壊してしまう。ただ、東條内閣は翼賛選挙によって立法府を骨抜きにすることを既に実践している。戦局が悪化する中で「非常時」という言葉が免罪符になり、三権の残された一つである司法に足を踏み入れることへのためらいも、もはやなかったのだろう。

細野の勇気ある意見書は、当時は完全に黙殺された。戦後、細野は戦時中のこうした行動が評価されて、最後の大審院長に抜擢されるが、派閥争いの中で戦後新体制となった最高裁判所には残ることができず、失意のうちに世を去ることになる。

崩壊する戦争末期の司法

東京民事地方裁判所の片隅に、よれよれのカーキ服に巻脚絆《きゃはん》、地下足袋の男たちが集まっていた。ある者はスコップで力無く土を掻き出し、別の男は二人組で、足取りもおぼつかなく、もっこ棒を前後に担いでいる。どう見ても、不慣れな作業員の姿であった。

空襲に備えて、裁判所の一角に防空壕が作られることになったのである。かり出されたのは裁判官たち。数人ずつでグループを組まされて、交代で穴掘りをさせられていた。もっとも、力仕事には向かない男たちのことだ。わずかばかりの土を運び出すたびに、肩で息をしていた。

『東京都戦災誌』を見ると、東京への空襲は昭和十九年十一月頃から連日続いている。最初のころ、主な被災地域は江戸川、渋谷、葛飾など都心からはやや離れた場所が多い。だが、すぐに神田、日本橋など大審院のある霞が関の近くにも、焼夷弾が落とされるようになっていく。

空襲のたびに路面電車や省線（国鉄）は止まり、交通はマヒした。弁護士や訴訟当事者、時には裁判官までも、開廷の予定時刻に裁判所にたどり着くことが難しくなっていった。開くことのできる法廷は、空襲が烈しくなった昭和十九年秋以降、目に見えて減っていった。

それでも吉田久自身は、普段と全く同じ毎日を送っている。武富に自宅を貸していた吉田は滝野川から逗子に引っ越してはいたが、省線を乗り継いで大審院や中央大学にも通った。このころからはさらに頼まれて、週に一回、横浜専門学校（現在の神奈川大学）にも講師として出かけていた。

相変わらず、吉田の後ろには特高がついてくる。吉田自身は全く意に介することなく、大学へも出かけていた。ある時などは空襲の合間を縫って、ようやく教室にたどり着いたのに、学生が二、三人しかいなかったこともあったという。「きょうはほとんど講義を聴く人がいなかったよ」と帰ってくることもあった。

翼賛選挙訴訟の弁論も続行されていたが、残念ながらどの程度法廷が開かれ、どのようなやりとりが交わされたのか、記録が存在しないために一切分かっていない。おそらく書面のやりとりが中心になっていたのだろう。結審までに原告側の証拠（甲号証）は一号から二十二号証まで提出され、被告側の証拠（乙号証）は一号から五号証までが提出されている。甲号証には、下村が中心になって作った調査結果をまとめた文書や、回覧板、推薦候補者の推薦状などが含まれている。

判決に至るまでに、五人の裁判官でどのような合議が行われたのかも不明である。戦後の最高裁と違って、大審院の判決に個別の裁判官による補足意見や反対意見が記されることはない。審理の経過については次のような吉田の短い回想があるだけである。

「(鹿児島での証人尋問の結果) 全部原告の主張事実が立証されたのです。そうしまするともう合議の結論は容易にでてきて……」

陪席の一人松尾實友は、座談会で翼賛選挙訴訟に臨む強い決意を表明しているし、武富義雄も遺族の話から、翼賛選挙に批判的だったことが分かる。それだけに二人は無効判決を出すことに積極的な吉田を助けたであろう。

ただ吉田の回想からは、裁判官の間で議論が難航した形跡は見られない。出張尋問を終えて帰京した早い時期から、森田豊次郎、梶田年を含む五人の裁判官の間で選挙を無効とするべきだという一致した心証が得られ、箕田正一が抜けて武富が加わってからも、同じ方向で無効判決を出すための合議を、重ねていたことがうかがえる。

残る問題は判決をいつ出すかということと、判決文に記す内容をどこまで踏み込むかということであった。

戦争が始まってからは、裁判官は陸軍や海軍の司政官として、植民地に赴任させられるケースが相次いでいた。『続司法沿革誌』で把握できるだけでも、太平洋戦争が始まった昭和十六年から終戦までの間に、およそ二百人もの裁判官や検事などが陸海軍に転出させられ、インドシナなど南方に派遣されている。書記や一般の職員も、連日のように全国で召集されていた。

この結果、裁判所は裁判官に加えて、職員も大幅に不足するようになった。昭和十七年には全国二百八十三カ所の区裁判所のうち、百一カ所を閉鎖してしまっている。翌十八年四月には、国民が刑事事件の裁判を行う陪審制度が休止させられた。さらに、戦時特例によって、三審制も二審制に変えられている。一審判決に不服があっても控訴審までで確定するか、大審院に上告するしかなくなっていたのである。開かれる法廷が減っていったのは、空襲の影響だけではなかった。戦争が進むにつれて、全国の裁判所は、もはやこれまでの機能を維持することも、難しくなっていたのである。

そんな中で、昭和十九年六月に大審院刑事部が、尾崎行雄に無罪判決を言い渡した。事件は翼賛選挙で行った応援演説の際に、尾崎が述べた川柳の引用が、昭和天皇を揶《や》揄《ゆ》する目的だったとして、不敬罪に問われていたものである。一審の東京地裁は昭和十七年十二月に懲役八ヶ月、執行猶予二年の有罪判決を言い渡し、尾崎が上告していた。審理をしていたのは、長崎控訴院長時代に武富義雄を見いだした、三宅正太郎である。

三宅は判決でこう指摘している。

「不忠の意図なき者のなした行為までも不敬罪に数えてこれを律するは、けだし同罪を規定した法の精神にあらず」

三宅は尾崎の発言に天皇を侮辱するような意図がなかった、と結論付けたのである。三宅はさらに、尾崎のこれまでの功績にも触れている。

「被告人は謹厳の士、明治大正昭和の三代に仕える老臣なり。その憲政上における功績は世人の周知のところ、この功臣にして至尊に対し奉り不敬を加える意図のもとに前記演説をなしたりとは軽々に断じ得ざるところとす」

軍部にとっては、立憲主義と議会政治の重要さを唱える尾崎こそ、議会から葬り去りたかったであろう。だからこそ当局は、冤罪が明白な尾崎を選挙中にあえて不敬罪に問い、落選させようとしたと考えられる。だが、地元で絶大な人気を持つ尾崎は、非推薦ながらも当選を果たした。起訴された尾崎は一審こそ有罪だったが、大審院の三宅はこれをひっくり返し、当局の目論見を完全に潰したのである。三宅の判決は、後に出される吉田の判決と並び称されることになる。三宅は司法官試補の時代に吉田の下で教えを受けていた。民事と刑事とでは違っても、同じ翼賛選挙に絡む訴訟の審理を続ける吉田にとって、後輩である三宅正太郎のこの判決には、力づけられる思いだったに違いない。

東條内閣は三宅の判決の翌月、昭和十九年七月に総辞職した。

だが、東條がいなくなったとしても、軍部が司法に加える圧力はなくなることはなかった。むしろ戦況が悪化する中でますます強まっていった。

岩松三郎（戦後最高裁判事）は、数々の裁判に軍部が干渉してきた実態を証言している。大阪では、軍人に対して起こされた私生児認知の訴えに対し、軍部が訴えの取り下げを命じるよう所長に命令してきたという。戦地で戦う兵隊によけいな心労を与えるな、という理由であった。

東京では、出征軍人の家族の住む家に対して、明け渡し訴訟が確定したところ、憲兵が「軍人の家を執行するとはけしからん」と原告を拘束することもあったという。戦争のため、という理由さえ付けけば、軍はなんのためらいもなく裁判へ介入してくるようになっていたし、彼らは裁判官がそれに従うのも当然だと、考えていた。

吉田が判決を出した後のことだが、裁判所の幹部が軍に身柄を拘束される事件も起きている。

行政裁判所の部長（厳密には行政裁判所は行政機関という区分であり、裁判官ではなく評定官と呼ばれていた）だった沢田竹治郎（戦後最高裁判事）は、軍部を批判したことを理由に、造言飛語罪と人心惑乱罪に問われたのである。

当時の新聞報道を見ると、沢田の肩書きは某省高官とされていた。さすがに当局も、行政裁判所の部長と発表するのは、はばかられたのだろう。

本人が戦後語ったところによると、事件の原因は沢田が隣組の会合で「この戦争は負ける、早くやめた方がいい。陸軍や海軍の連中は、子爵や男爵にでもなりたいから、戦争をやめないのだろう」と語ったことだったという。これだけのことで、沢田は東京拘置所の独房に三週間収容される。

ことさらに残酷なのは、検事局がこの事件を起訴したことだ。この結果、沢田は被告人として法廷に立たされ、裁判官に裁かれることになったのである。見せしめというほかない。担当したのは東京刑事地方裁判所の部長、岩田誠（戦後最高裁判事）であった。岩田は昭和二十年七月に禁固十ヶ月、執行猶予三年の有罪判決を言い渡す。

沢田は上告中に終戦を迎え、免訴の判決を受ける。戦後共に最高裁判事に任命された二人が、裁く側と裁かれる側に分かれていたのは、皮肉と言うほかない。

昭和二十年六月には、義勇兵役法が公布されている。本土決戦に備えて、あらゆる男女は国民義勇戦闘隊に編入せよ、という法律である。

前述の岩松は東京民事地方裁判所の所長時代に、裁判所の義勇軍を編成させられ、その大隊長に任命されている。裁判官が軍隊など作って、いったい何をしろというのか。

大本営から来たという中佐は、岩松にこう説明した。

「諸君は義勇軍を組織して帝都を守るんだ。各省庁ごとの連絡は隊長がやりなさい。

我々の方からも命令を出す。しっかりやるように」

しっかりやれと言われたところで、裁判官たちに戦う能力があるとは思えない。岩松はおそるおそる訊いている。

「それじゃ、武器はどうなるのですか。どういう武器をいただけるのですか」

「所在の武器をとってやれ」

「所在の武器とはどこに」

「棒でも石ころでもあるだろう」

そう言い放つ中佐に、岩松はたまらず訊き返した。

「それで上陸してくる米軍と戦えというのですか。軍人は帝都を守ってくださらないんですか」

「軍人は陛下をいただいて長野に引っ込んで国を守るんだ」

もはや呆然とするしかなかった。中佐が出ていってから、立ちつくす所長の元に部下の裁判官たちが集まってきた。

岩松は首を振って彼らに諭した。

「もう、こんなところにいてはいけない。私は大隊長として敵のタンクに向かって突進します。みんなは疎開しなさい。妻子をこんなところに置いてはいけない」

所長の言葉に、部下の一人は家から持ってきたという日本刀を見せた。

「所長だけを死なせるわけにいきません。私もこの日本刀を振りかざして、タンクに向かいます。私も一緒に死にます」

岩松の目から涙がこぼれた。そんなことをしたって無駄だよ、無駄に死ぬよりも、生き延びろ。記録さえ残しておけば、またいつか裁判を続けることができる。

所長の言葉を聞きながら、集まった裁判官たちも、泣いていたという。

第三章　「選挙ハ之ヲ無効トス」

昭和二十年三月一日、判決

連日の空襲が続く中、大審院民事部の中で、ある「噂」がささやかれるようになった。

――吉田部長は、本当に翼賛選挙訴訟で無効の判決を出すつもりらしい。

吉田自身は心証を口にすることなどない。それでも鹿児島での証人尋問の後も、熱心に審理を続行している様子を見れば予想がつく。吉田は訴訟が始まる前にも、民事部の部長を集めてこの裁判に積極的な意見を述べているのである。

困ったのは、同じ訴訟が係属している第一民事部と第四民事部であった。しかも二つの部が抱えているのは、選挙区こそ違うものの同じ鹿児島が舞台である。県や地元の警察が濃厚に関与している選挙干渉が、吉田の担当する鹿児島二区だけ、全く違っていたとは言えるはずもない。同じ県で一つだけ判決が違うのは、どうしても不自然であった。

第四民事部の部長だった古川源太郎は、「同じようなケースで違った判断が出ても、妙なことになる」と考えた。このため、古川と第一民事部の部長岡村玄治、それに吉田の三人で会議を開いたのである。

——お互い一度話してみようということで、連合ということでもなく、話し合ったのです。

古川はこういう言い回しで、この打ち合わせのことを表現している。

だが、「無効にするまでもない」という古川と岡村に対して、吉田はどうしても意見を曲げなかった。「選挙結果は無効にするべきだ」と主張し続けたのである。困り果てた古川は、密かに大審院長に報告に出向いた。

古川から話を聞いた大審院長は、霜山精一であった。

大審院長時に「戦争のため法律を急転回しろ」と記した長島は、東條の退陣からまもなく退職していた。霜山精一はその後任として、東京控訴院長から大審院長に転任していたのだ。

霜山は内閣や政府とは距離を置き、現場への介入を好まない性格だった。遺族の一人は霜山が周囲から「はいはい人《じん》」とか「そうせい侯」と呼ばれていた、と語っている。「はいはい人」とは何でも「はい」と言うからだし、「そうせい侯」とは、何を尋ねられても「そうせい（そうしなさい）」と答えた長州藩の藩主、毛利敬親《たかちか》からきた言葉である。もちろん霜山は暗愚な殿様だったわけではない。本人は「わたしはいずれにせよ本来政治的に働かない方で、超然と裁判に専念するという気持ちでやってきました」と述べている。戦後は大審院長経験者として唯一、最高裁判事に任命されている。

古川の報告を受けた、霜山の言葉が残されている。

――みんな、思うとおりにやられたらよかろう。

まさに「そうせい侯」であった。

霜山の後押しによって、吉田は無事に判決の日を迎えることができたのである。

大審院での判決の言い渡しは、昭和二十年三月一日に行われた。直前の二月二十六日と直後の三月四日にも、東京は空襲を受けている。まさに空襲の合間を縫っての判決であった。

妻が戦後語ったところによると、吉田はこの日の朝、「もう、帰ってこられないかもしれない」と言い残して自宅を出たという。

主文は「昭和十七年四月三十日施行セラレタル鹿児島県第二区ニ於ケル衆議院議員ノ選挙ハ之ヲ無効トス　訴訟費用ハ被告ノ負担トス」であった。

判決文は二万字近くに及ぶ。大審院の判決文としては長文であった。もっともその大半は双方の主張の概略を記したものである。

吉田が選挙を無効と判断した理由を、判決文から見ていこう。

吉田はまず、翼賛選挙とは果たして何だったのか、という根本から判断に入っている。昭和十八年に原告の訴えを退けた同じ大審院第二民事部では、触れられることすらなかった項目だ。

——翼賛政治体制協議会は昭和十七年四月三十日施行の衆議院議員総選挙の実施に際し、政府の意図を体して結成せられたる政治《ママ》結社にして、政府自ら右議員候補者推薦機運の醸成を唱導し、翼賛政治体制協議会が政府の意を受けて、全国的に右議員候補者を銓衡《せんこう》（選考）決定し、推薦候補者として発表したるものにして、いわゆる候補者推薦制度が全国的に大規模に行われたるものなることを了知することを得べし。これに反する趣旨の各証言は当院の措信《そしん》（信頼）せざるところなり。

東條が国会での演説や答弁で述べた「推薦したのは民間組織」「政府はこれに関係していないのであります」という言い訳を、吉田は大審院の判断として、完全に否定して見せた。特に政府自らが推薦制度を作るように導いたことや、〝翼協〟が政府の意向を受けて推薦候補を選んだことを明言し、政府の深い関与があったと断定したのである。

判決はその翼賛選挙の評価について、さらに思い切った指摘を行う。

——翼賛政治体制協議会のごとき政見政策を有せざる政治結社《ママ》を結成し、その所属構成員と関係なき第三者を候補者として広く全国的に推薦し、その推薦候補者の当選を期するために選挙運動をなすことは、憲法および選挙法の精神に照らし、果たしてこれを許容し得べきものなりやは、大いに疑《ぎ》の存する所。

ここでは翼賛選挙そのものに、憲法違反の疑いがあることにまで踏み込んだのだ。

戦時中に記されたこの一文は、後に吉田判決の白眉《はくび》とされた。ただし、ここでの判断は、違憲の疑いがあることにとどめ、個別の選挙妨害の認定に入っていく。ここからは箇条書きで、次の五点を指摘している。

(一)「各証言によれば、右第二区に属する町村、部落常会、学校区常会、または壮年団会合などにおいて、推薦候補者支持の申し合わせをなし、またはかかる協議、もしくは決議をなしたることを認め得べく、(中略)町村、部落常会、学校区常会、壮年団会合などにおいて、推薦制支持の申し合わせまたは指示ありたることを認め得べく」

(二)「町村長、壮年団長、部落会長または警察署長などの指導階級にある者にしていずれも啓蒙運動もしくは倫理化運動または翼賛選挙貫徹運動の名の下に、公開の選挙会場にあらざる町村常会その他の会合において、推薦制支持の講話をなしたることを認め得べく」

(三)「国民学校長、町会長、部落常会長などが学校区常会、公会堂、部落常会において、それぞれ自由候補者某々は共産党なれば投票すべからず、自由候補者に投票するは陛下に弓を引くような者なれば、必ず推薦候補者に投票すべき旨、あるいは推薦候補者に投票せざれば大東亜戦争に敗ける、また陛下に対し奉り申し訳なき旨談議したることを認め得べく」

(四)「鹿児島県、大政翼賛会県支部、翼賛壮年団の名をもって『こんどの選挙は推薦制で行きませう』などの文字を連ねたる回覧板が県下に使用せられたることを認むるに足り」

(五)「翼賛壮年団より第二区における翼賛政治体制協議会の推薦候補者四名の氏名を印刷したる『ビラ』を配布し、これを部落員の回覧に供したることを認め得べし」

——以上(一)ないし(五)の事実を総合すれば、翼賛政治体制協議会の推薦候補者、すなわち特定の候補者を当選せしめんとする不法なる選挙運動が、鹿児島県第二選挙区において、相当広範囲に行われたること明らかにして（中略）選挙の結果を照合すれば、第二区における一般選挙人に対し、または選挙人間に行われたる不法選挙運動は全般にわたり、相当徹底浸透の状勢にありたるものなることを推認するに難《かた》からず。
（いずれも一部略）

ここまで判決は、原告の主張を全て認めていった。

そして次の争点として、鹿児島県知事であり教育会長だった薄田美朝が、自分の名前で出した「推薦候補者の推薦状送付の依頼状」の問題に入っていく。

――右通牒は県教育会長たる薄田美朝の関知せざるところにして、副会長たりし日高佐七が自ら起案し発送したるものなることを認め得れども、その効果において県教育会員たる学校長、教職員などに対しては、会長の発送したると異なることなく、右は翼賛政治体制協議会の推薦したる特定候補者の当選を得しむることを目的とするものと認むべきものにして、その立候補届け出前といえども、もとより顕著なる不法選挙運動たること言をまたず、この点に関する被告の主張は採用するを得ず。

県知事が自分で推薦状作成の依頼文を作った、という原告の主張は認めなかったが、推薦状が現場に与えた影響は変わらず、結果として違法だったと指摘し、県の上層部を含めた組織的な選挙干渉を認めている。
そして長文の判決は、最後に「選挙法の目的とする選挙の自由と公正とが没却せられた」と記し、原告が主張するこのほかの選挙干渉や妨害は判断するまでもなく、「主文ノ如ク判決ス」と締めくくられている。

言い渡しを聞いた原告の一人、下村栄二は戦後、当時を振り返って「非常な感激でした」と語っている。
下村がさらに驚いたのは、自宅に戻ってきてからだった。すぐに福島の未知の人から、「溜飲が下がりました。ご健闘を祈ります」という電話がかかってきたのである。続いて九州、東京と知らない人から次々と電話がかかってくる。そのどれもが判決を喜ぶ声だった。新聞に判決の記事が出てからは、切れ間なく鳴り続ける電話の対応で、昼食を食べる時間もなくなってしまい「ついには電話線が焼き切れて使えなくなってしまいました」と語っている。それまで孤軍奮闘の思いだった下村は、国民が声を出さずとも、自分たちのことを注視していたのだと知って、吉田の英断に改めて感謝する思いだったという。

大審院からは「すぐに選挙をやり直させるから、鹿児島に帰ってほしい」という連絡があった。下村も再度の選挙に向けて準備に取りかかる。だが、空襲で線路は寸断され、告示日に鹿児島まで戻ることはできなかった。

再選挙では四人の原告のうち、冨吉栄二と尾崎末吉の二人が実際に立候補した。投票は判決からわずか十九日後の、三月二十日であった。残念ながら冨吉も尾崎も、当選することはできなかった。だが冨吉は得票を二倍以上に伸ばし、最下位当選とわずか千三百票差に迫ったほか、尾崎も大幅に票を増やしている。

国会にも、この判決を喜んだ人がいる。

貴族院議員の大河内輝耕である。大河内は判決の三週間後に、さっそく貴族院の予算委員会でこの判決を取り上げた。

「こういう公明な裁判がたったということは、我々は政界のために誠に喜ぶべきことであります」

吉田の判決を高く評価し、改めて政府に数々の違法行為が認定されたことをどう思うか問いただしている。

「このような判決を見るに至りましたことを、誠に遺憾に存ずるのでありますが、今後におきましてはこのようなことで問題の起ることのないように、選挙の自由公正が、あくまでも確保せられるように致したい、このように考えております」

内務大臣もこう答弁せざるを得なかった。

辞職、そして大審院全焼

吉田は判決の四日後に、大審院を辞職した。

自身は戦後、「松阪大臣の大審院判事を新しく入れ替えたいという希望によるもので、翼賛選挙の判決をしたためではない」辞めるよう圧力を受けたわけではない。と語っている。だがこれは言葉通り受け取ることはできない。なぜなら、吉田と正反対の判決を出したとされる第四民事部の古川と第一民事部の岡村は、吉田よりも年長だったにもかかわらず、戦後の昭和二十一年に退官するまで、辞めていないからである。客観的には吉田が「体よく辞職させられた」と見る方が正しいだろう。

吉田は司法省に出向き、大臣室で松阪広政に辞表を提出した。その席で吉田はこう訊いている。

「戦局の不利は一目瞭然です。なんとか打つ手はないのでしょうか」

「軍部は大丈夫だといっておるんだ」

松阪は、吉田の言葉に耳を貸そうとしなかったという。

そのころ、単身大審院に乗り込んでいった裁判官がいた。

東京控訴院判事の丁野暁春である。丁野は前述の昭和十八年の裁判官の座談会に出席し、「時代の情勢に裁判が流されてはいかん」と発言した一人だ。

彼は吉田の判決を読み、その勇気に感激したのである。そして、「吉田さんたちに対する弾圧がきっと起きるに違いない。その時には裁判官たちが結束してこれを守らねば」と、勇躍大審院に向かったのだ。

だが、裁判官室に入ってみると、吉田の姿はない。一足違いで既に辞職していた。

――遅かった。

丁野はそう思ったろう。第三民事部には、一緒に座談会に出た松尾實友がいる。丁野は松尾から判決後の事情を聞いた。

「退職した以上、もはやしようがないではないか」

松尾の声に力はなかった。丁野は肩を落として部屋を出ていくしかなかった。

判決からわずか九日後の三月十日未明。

B29から約千七百トンもの焼夷弾が東京に投下された。東京大空襲である。住宅など二十七万戸が焼失し、約十万人が犠牲となった。霞が関も例外ではなかった。官公庁は、次々と炎に包まれた。

焼夷弾は、大審院にも落下した。

関東大震災にも耐えた赤煉瓦の西洋建築物は、天井が崩れ落ち、内部からたちまち炎上した。大審院は外壁だけを残し、床も天井もすっぽりと抜け落ちて全焼した。

そして、言い渡したばかりの吉田の判決原本も、大量の訴訟記録も、全て、行方不明になった。

空襲は、東京だけではなかった。

全国の裁判所は、空襲で壊滅的な被害を受ける。神戸、岡山、高松、千葉、甲府、和歌山、そして鹿児島など、全国の五十二の地方裁判所のうち十九が全焼、あるいは全壊している。

鹿児島の出張尋問の時、現地で吉田を案内してくれた小林右太郎の後任として鹿児島地裁の所長に赴任し、やはり吉田に協力したと見られる三雲住三郎は、自宅官舎に直撃弾を受け、妻や子供と共に即死した。

東京大空襲で全焼した大審院は、女学校に間借りするが、そこもすぐに焼け出され、ついには国民学校の一部に移った。こうなるともはや裁判所そのものが名ばかりとなり、法廷もなければ記録もない。司法省に至っては移転先に困り、巣鴨の東京拘置所が仮庁舎になっていた。吉田から辞表を受け取った司法大臣の松阪広政は、戦後の一時期A級戦犯容疑がかけられ、皮肉にも名前が変わった巣鴨プリズンに、今度は被疑者として収容されることになる（後に釈放）。

四月には米軍が沖縄本島に上陸。県民を巻き込んだ凄惨な戦いが続く。那覇地裁は前年の空襲によってすでに失われていた。所長以下職員たちには逃げ場もない。彼らは、死体が転がり、銃弾の飛び交う甘藷《かんしょ》畑や砂糖黍《さとうきび》畑の中をあてもなく彷徨し、次々と米軍の銃弾で命を落としていった。組織的な戦闘が終わる六月までに、裁判官や検事局の職員など、三十四名が死亡。

八月六日、広島に原爆が投下される。広島控訴院、広島地方裁判所、広島検事局が全壊。裁判官、検事、書記など五十名あまりが爆死。続いて九日、長崎に原爆投下。長崎地裁、長崎検事局、長崎刑務所浦上刑務支所が全壊。刑務支所は職員全員が爆死。

七月十九日には、吉田の故郷福井市も、大規模な空襲を受けた。市街地はその八割以上が炎に包まれ、福井地裁も検事局も全焼した。

吉田の自慢の娘だった長女稔子もまた、この空襲で犠牲になる。稔子は吉田と同じ福井出身の男性と結婚し、子供も一人もうけていた。一家で福井市内に暮らしていたため、戦災に巻き込まれたのである。

そして八月十五日、終戦を迎える。

戦争は吉田から職を奪い、命を懸けた裁判記録を失わせ、愛する娘の命までも奪った。

鳩山一郎、吉田茂からの要請

吉田は、細々と大学の講師を続けていた。

国家に逆らう判決を出した吉田は、終戦まで危険人物と見なされていた。特高の監視も続いていたと見られる。

それでも中央大学は、そんな吉田を辞めさせることはなかった。おそらく大学の中にも、吉田の勇気を密かに支持していた人がいたのだろう。大学に残っている記録を調べてもらったところ、判決後も吉田は途絶えることなく、講師の仕事を続けていた。

昭和二十一年二月、部下の武富義雄が水戸地方裁判所の所長に栄転した。武富一家を見送った吉田は、再び滝野川の自宅に戻った。

武富たちは、連日の空襲の中で、吉田から預かっていた滝野川の家を焼失させないように奮闘していた。息子の潔氏によると、三月の東京大空襲では被害はほとんどなかったが、五月の空襲で滝野川周辺は火の海になったという。炎は自宅のすぐ隣の道路まで迫ったが、何とか家には燃え移らずに済んだ。この家には、東京大空襲で自宅を焼け出された森田豊次郎も一時身を寄せていた。

武富が転出し、森田もやがて渋谷の官舎へ越していった。滝野川の家は、再び吉田と妻の二人のがらんとした空間に戻った。長女は亡くなり、息子は出征し、あるいは既に独立していた。

吉田は長女の遺骨を引き取ると、先妻の眠る東京の青山墓地に埋葬した。

もはや裁判所から身を引いた彼の家には、訪ねてくる人も少なかった。

失意の日々を送る吉田だったが、彼の名前は決して忘れられていたわけではなかった。

ある日、意外な人物から連絡を受ける。

鳩山一郎である。

戦時中、鳩山は軽井沢の別荘にこもって、畑仕事で毎日を過ごしていたが、終戦の一週間後に上京した。議会政治復活のため、政党作りの準備を始めたのである。終戦から三ヶ月後の十一月九日には、日本自由党が結成される。鳩山は総裁に就任した。

鳩山は、一日も早く新しい憲法を作る必要があると考えていたのだろう。党に法律の専門家を迎えるにあたって、吉田久に白羽の矢を立てた。鳩山の日記には、戦時中吉田との交友をうかがわせる記述はない。鳩山の弟の秀夫は、かつて東京帝大で民法の教授をしていたことから、吉田と面識程度はあったことも考えられる。

しかし、何より自身が非推薦候補として苦渋を味わっただけに、吉田の勇気ある判決に共感したことが、彼を選んだ大きな理由だったのだろう。

政務調査会長となった安藤正純から正式に要請を受けた吉田は、自由党政務調査会の顧問に就任した。

自由党は結党してすぐに憲法改正特別調査会を作り、吉田は特別委員の一人となって憲法改正案の立案に加わることになる。吉田の他に委員を務めたのは、金森徳次郎（吉田内閣で憲法担当国務大臣）、浅井清（慶大教授・後に人事院総裁）、樋貝詮三（元保険院長官・後に衆院議長）、呉文炳《くれふみあき》（経済学者）、長谷川如是《にょぜ》閑《かん》（評論家）、それに安藤の六人であった。

この時期、共産党、社会党、進歩党と各政党が憲法改正案を相次いで発表していた。

自由党の要綱は、昭和二十一年一月に決定したが、審議期間は二ヶ月程度しかない。安藤正純は「大晦日も正月もなく勉強した」と語っている。全体の検討作業は、憲法学者である金森、浅井両氏が中心となって進められた。

こうしてまとまった自由党の憲法改正要綱の中には、裁判に関する項目がある。

（1）司法権ノ独立ヲ強化シ、大審院長ヲ天皇ニ直隷セシム。
（2）大審院長ノ下級裁判所ニ対スル独立ノ監督権ヲ確立ス。
（3）別ニ検察庁ヲ設ケ司法大臣ノ下ニ置ク。

（以下略・傍点筆者）

少ない項目の中に「独立」という言葉が、二度も出てくる。また、三番目には検察庁を裁判所から分離させることを記しているが、これも成案直前までは「検察庁ヲ裁判所ヨリ独立セシメ」と記されていた。したがって検討段階では、「独立」という単語が三つの文章に連続して書かれていたことになる。各党の私案を見ても進歩党、共産党には裁判の独立について言及はなく、社会党案に「司法権は独立し」という言葉があるにすぎない。

この裁判に関する項目は、吉田が中心になって決めたものだった。

特別委員の浅井が後に語ったところでは、吉田は会合の中で、裁判の独立を憲法案に盛り込むことを強く主張したのだという。他の委員からの反対もなく、吉田の意見はほぼ反映された。最後の一文が削られたのは、さすがに三連続の「独立」はやりすぎだと、判断されたのだろう。

ただし、削除された三番目の文章にも意味があった。組織上、戦前の検察は裁判所の一機関だった。その結果、外部からたびたび両者の癒着が指摘されていたのである。弁護士だけでなく裁判所の中からも、司法改革の一環として、判検分離を求める意見が出ていた。修正された「別ニ検察庁ヲ設ケ」という文章でも、組織を分離させたいとする吉田の意図は充分に伝わってくる。

実際の日本国憲法は、自由党の憲法改正案とは別に、GHQ案（いわゆるマッカーサー草案）を基に制定されることになる。その結果、日本国憲法の七十六条には「すべて裁判官は、その良心に従ひ独立してその職権を行ひ、この憲法及び法律にのみ拘束される」と明記された。

吉田が強く願った裁判の独立は、ようやく、憲法の保障の下に置かれることになった

貴族院議員に勅選され、正装する吉田

のである。

昭和二十一年八月には、吉田は学識者の一人として、貴族院議員に勅選された。

遺族の証言によれば、これは五月に首相になった吉田茂の要請を受けたものだという。吉田久の三男の光蔵さんはこのころ中国から復員したばかりだったが、父に頼まれて幾度か大磯にあった吉田茂の私邸までお使いに行っている。光蔵さんによると、吉田茂は翼賛選挙無効の判決をよく知っており、戦時中にあの判決を出した吉田判事ならば、と好意を持ってくれていたという。

貴族院での吉田は、新憲法を審議する「帝国憲法改正案特別委員会」には参加していない。当時は憲法が新しくなるのに合わせて、関係する法律の改正や制定を進める必要があった。戦前からの法律の多くが旧憲法に基づいていたためである。新憲法が施行されるまでに、法律の整備は急務であった。実務家出身の吉田はそちらを受け持っていた。

貴族院議員には吉田と共に、大審院長として吉田の判決を後押ししてくれた霜山精一も選ばれていた。憲法の委員会審議は霜山が行い、吉田は様々な法律を制定する委員会に参加していた。参議院議員の選挙法案、国会法案、労働関係調整法案、裁判所法案などである。いずれも男爵や子爵に混じって、法律の専門家としての立場から質問を行っている。

参議院議員選挙法案特別委員会などでは、同じ委員として大河内輝耕とも席を並べることになった。かつて議会で翼賛選挙を批判し、東條を追及し、吉田の判決を賞賛した大河内は、同僚となった吉田と、国会でどんな会話を交わしたのだろうか。

危険人物扱いから一転して、晴れやかな舞台で忙しい日々を送る吉田だが、一方で彼を見いだした鳩山一郎は、国会から姿を消していた。

昭和二十一年四月の戦後最初の総選挙で自由党は第一党となる。しかし総裁だった鳩山自身は、直後の五月にＧＨＱから公職追放処分を受けるのである。

鳩山は、東條と対決姿勢をとっていたリベラリストであった。その鳩山が追放されたのは、戦前の著作に問題があったと判断されたことなどが、理由だとされている。この結果、鳩山は組閣を目前にして、総理大臣の座を吉田茂に譲り、再び軽井沢に隠棲させられていた。

新憲法が発布された昭和二十一年十一月三日。

国会では昭和天皇も臨席して、盛大な式典が催された。会場となった貴族院本会議場には、衆貴両議員や民間の代表など千人以上が出席した。天皇の勅語を賜り、奉答したのは総理大臣の吉田茂である。式典の様子は、ラジオ放送で全国に中継された。晩秋の薄晴れの下、各地でパレードが行われ、獅子舞やみこしがねり歩いた。

日本中が祝賀に包まれる中で、追放された鳩山は晴れやかな舞台に立ちあうことはなかった。この日、軽井沢から帰京した彼は、日記にこう記す。

「今日は憲法発布の日、盛大な祝典あり。明治の憲法発布には明治大帝のあの雄大な勅語を拝す。今日の憲法は敗戦の結果、戦勝国の命によって成る。敗戦の結果、その惨害の余りに大にして、しかして時の指導連その責任を顧みる者なし。かくのごとくして、新日本は果たして将来に光明を期待し得るや（後略）」


傍観者となるしかなかった鳩山の無念がにじむ。

この日の記述には、来客者の一人として吉田久の名前がある。おそらく吉田は、国会での式典に出席した後、わざわざ鳩山の家を訪ねたのだろう。憲法発布の日に吉田が顔を出したのは、寂しく過ごしている、失意の鳩山を慰めるためだったと思われる。

その四日後の鳩山の日記には、「吉田久君に招かる」とおそらく夕食に招待されたことが記されている。日記によればこの日の同席者は吉田茂、古島《こじま》一雄（貴族院議員）、そしてやはり吉田に顧問就任を依頼し、後に鳩山と共に公職追放された安藤正純であった。敗れた者への配慮を忘れない吉田は、この席でも鳩山の苦労をねぎらったのだろう。

昭和二十二年に貴族院が廃止されると、吉田は再び大学に戻った。講師から教授に就任した吉田は、その後政治と関わりを持つことはなかった。

吉田の日常は変わらない。

夏なら朝五時、冬なら六時ちょうどに目を覚ます。自宅の雨戸を全部自分で開けて、近所を含めて家のまわりの道路を竹ぼうきで掃除する。オートミールに野菜という朝食も戦前と同じ。三つ揃いの背広にステッキ、前の晩に自分で洗ったハンカチをポケットに入れて、大学に出かけていった。途中、商店街で馴染みの店主が挨拶すると、丁寧に帽子を取り「おはようございます」と頭を下げた。

大学では、どんな教授だったのだろうか。

東京学芸大学の名誉教授で弁護士の吉田豊は、吉田久が大学院長になっていた昭和三十年代に、大学院で吉田の指導を受けていた。豊氏は最初、吉田を保守的で堅物だと感じ、あまり良い印象を持たなかったという。

折しも大学は、六〇年安保で騒然としていた。学内は授業どころではない。どこでも学生と教官が、日米安保について議論を交わしていた。ところが、豊氏によれば、吉田はこうした議論をあまり好まなかったという。「学生は勉強するのが本分だ」というのが、吉田の意見であり、安保闘争にも批判的だった。

かつて苦学生だった吉田としては、当然の反応だろう。ただ、若い豊氏からすればもどかしかった。若手教官の中には、学生と共に国会に出向く者もいたが、吉田は当初こうした行動にも冷淡であったという。

そんなある日のこと。大学院生の豊氏は、研究室でアサヒグラフを読んでいた。記事は安保特集である。座り込む学生に殴りかかる警官隊の写真が、何枚も掲載されていた。

そこに吉田が通りかかった。吉田はちらりと豊氏を見て去っていったが、すぐに女性の秘書がやってきた。

「先生が本を貸してほしいとおっしゃっています」

豊氏はさほど深く考えず、素直に読みかけの雑誌を秘書に手渡した。

それからまもなくであった。

突如、法学部に貸し切りバスが、何台も並んだのである。「学生も教官もこれに乗って国会に行け」というのだった。

すっかりと変わった学内の雰囲気を眺めながら、豊氏は吉田に雑誌を貸したことを思い出していた。そして密かに「先生がやったな」と思ったという。

「先生は考えこそ保守でしたが、ファシズムや権力の横暴を本当に嫌っておられました。おそらく、雑誌の写真で無抵抗の学生が殴打される姿を見て、ご自身の体験された、戦時中の弾圧を思い出したのだと思います。そして、いかなる思想でも暴力でこれを封じることは許されぬと、考えたのでしょう」

豊氏はそれから吉田に師事し続け、結婚の際には仲人も頼んでいる。


「私の宝物ですよ」

日本橋のビルにある整然とした広いオフィス。その奥にある会長室で、久野修慈《ひさのしゅうじ》は一冊の本を見せてくれた。

本は背表紙が取れている。紙は日焼けしてぼろぼろだ。手にとってみたが、古本特有の黴びた匂いはしてこない。中には赤いラインや印がびっしりと書き込まれていた。

久野氏は七十を超えた今も、精糖会社の会長として、また精糖工業会の会長や中央大学の理事長として多忙な毎日を送っている。そんな氏が出してくれた本は、吉田久著『日本民法論』である。

表紙をめくると《久野君へ、吉田久》と署名がある。久野氏は、すごいでしょうと顔をほころばせた。

「総理大臣のサインよりもはるかに価値がありますよ。でも、貴重さを分かってくれる人は、ほとんどいないんですよね」

この本は、今も会長室の本棚に、大切に並べられている。静かな笑顔で、うれしそうに本の表紙を撫でた。

久野氏は大学卒業後の昭和三十四年から二年間、滝野川の吉田の自宅で、書生をしていたのである。大学までお供しながら、弁護士を目指していた。もっとも、身の回りのことは全て自分でやる吉田である。鞄一つ書生には持たせず、たとえ久野氏が他の用事で外出していても、お構いなしであった。

「二年間いて、一度も怒られることはありませんでした」

久野氏から見た吉田は、差別を徹底して嫌う人だったという。当時自宅には久野氏を含めて書生が二人、女中さんが一人いたが、全員一切分け隔てなく、食事も家族と同じだった。久野氏の仕事の一つは、吉田の原稿を校正することだったが、女中さんにも校正に加わってもらったという。「法律に詳しくない一般の人に見てもらうことこそ大切だ」というのが、その理由だった。そんな吉田のことを、女中さんも「立派なご主人」と心から尊敬していたという。

吉田は自分の出した判決について、口にすることはなかった。このため、久野氏が翼賛選挙訴訟について知るのは、書生になってしばらく後のことである。判決前に自宅を憲兵に取り囲まれた話や、判決を言い渡す日、「もう、帰れないかもしれない」と言い残して自宅を出た話など、いくつかのエピソードは、全て吉田の妻から教えてもらったという。

久野氏は一度、食事の時に吉田に直接訊いてみたことがある。

――判決を出した後も、さぞかし大変だったのでしょう。どんな圧力があったのですか。

だが吉田は、黙って何も答えなかった。

「先生の性格ですから、自慢するようなことは嫌いだったのですよ。自分はやるべきことをやっただけで、人に語るべきでないと思ったのでしょうね」

久野氏は残念ながら司法試験に合格することができず、就職してサラリーマンとして働いた。それでも、書生時代に吉田がぽつりと語った言葉や態度は、企業の経営者となった今に至るまで、数々の教訓となっているという。

吉田の元にはいろんな客が訪ねてきた。大企業の社長が相談に来ることもあったし、どういう経緯なのか、吉原から逃げてきたという青森の女性が、駆け込んできたこともあった。吉田はどの相手にも時間がある限り話を聞き、アドバイスを与えた。青森の女性には弁護士を紹介し、助けてあげたという。

「吉田先生はね、一言で言うと『人間主義』なんです。自身が社会の底辺で苦労を重ねただけに、貧しい人にも豊かな人にも、一切の予断を抱かずに、平等に謙虚に耳を傾け、その人のことを全て信頼しようとする。そこが立派でした。企業のリーダーも同じなのです。大切なのは商売の才能よりも、人を信頼し、人の話をどれだけ真剣に聞くことができるかということなのです」

若かった久野氏は「正義とは何か」という問いを投げかけたこともある。どんな大きな答えが返ってくるかと期待した久野氏に、吉田は、短くこう言った。

「正義とは、倒れているおばあさんがいれば、背負って病院に連れて行ってあげるようなことだ」

吉田は八十歳になるまで中央大学で教鞭をとり続け、名誉教授となって退職した。さらに千葉商科大学に教授として招かれたが、高齢になって千葉まで通うのは難しく、足を怪我したことをきっかけに、八十三歳でようやく隠居した。

高齢になっても、裁判官だった時と同じように、自宅奥の書斎で本を読んだり、原稿を書いたりするのが日課だった。孫が自宅の中を走り回っても全く意に介することなく、平気な顔で本を読んでいたという。

趣味は書道と能楽だった。自宅で仕舞の練習をすることもあった。生活は質素で、唯一の贅沢は「落ち着くから」と寝る前に香水をつけることだったという。

妻の盈子はいつも明るく、物静かな吉田とは好対照だった。吉田はそんな妻を、とても大切にしていた。

盈子は吉田がつけた香水の匂いに気付くと、「いまさら誰にモテようって言うんですか」と冷やかすのが常だった。そんな時吉田は、恥ずかしそうに、それでいて少しうれしそうな笑顔を見せた。ある日、息子の家にぶらりと訪ねてきた吉田が、「きょうは、妻の誕生日です。なにかプレゼントを持ってきてください」とまじめな顔で言い、飄然と帰っていったこともあったという。

隠居してまもなく、吉田は胃潰瘍で入院する。その後、体調を崩して患う日が続いたが、昭和四十六年九月二十日、老衰のため板橋区の日大付属病院で八十七歳で世を去った。

遺骨は戦災死した娘の稔子や先妻と同じ、青山墓地に埋葬された。

消えた判決原本

昭和五十二年の春のことである。

一人の老人が、隼町に移転したばかりの、最高裁判所を訪ねてきた。

既に八十を超えた高齢だが、身のこなしはどことなく紳士然としている。老人は、御影石の積み重なった新しい建物を珍しそうに眺めながら事務総局に入り、出てきた職員に名刺を出した。

名刺には「尾崎末吉」と書かれていた。

冨吉栄二や下村栄二らと共に、翼賛選挙訴訟の原告だった一人である。

尾崎は昭和二十二年に、再度鹿児島二区から立候補し、今度は衆議院議員に当選している。冨吉栄二と一緒だった。その後は、昭和三十年にかけて連続四期、代議士を務めている。大臣にこそならなかったが、衆議院の予算委員長などを歴任していた。

最高裁を訪ねた時には、とうに政界を引退していた。尾崎は職員の案内で首席調査官の緒方節郎に面会すると、こう述べた。

——吉田裁判長の判決が読みたいのです。できれば、写しをいただけないでしょうか。

まだ現役の衆議院議員だった昭和二十九年、尾崎末吉は国会で冨吉栄二の追悼演説を行っている。

冨吉は同年九月二十六日、北海道の遊説から帰る途中、乗っていた洞爺丸が台風で沈没し、不慮の死を遂げていた。戦後、尾崎は自由党、冨吉は社会党と異なる政党に所属していた。尾崎が国会議員の代表として壇上に立ったのは、戦時中に共に翼賛選挙訴訟の原告になったことが、大きな理由に違いない。

追悼演説で尾崎は、冨吉の経歴を述べた後、「世上にあまり流布せられなかった事柄ではありますが」と前置きしつつ、この翼賛選挙訴訟について切り出した。

「この前例のない、無謀にして不法、しかも極端なる弾圧が行われたのに対し、国民の遵法精神を破壊するものであり、国家存立のために黙視するに忍びずとして、私どもが翼賛選挙なるものは選挙にあらず、正しき法律によらずして特定の議員をつくったものであるから、これは無効であるとの訴えを当時の大審院に提起いたしま す際、このことを冨吉君に諮りますと、君はただちに進んで共同原告として参加せられ、あらゆる圧迫の中にあって資料を集め、費用を捻出し、かつ法廷に立つなど、四年《ママ》近くの間私どもとともに尽力をせられ、終戦近くに至って、ついにこの訴訟は私どもの主張通り、選挙無効の判決となったのであります」

尾崎が追悼文を読み上げる間、議場は幾度も拍手に包まれた。

かつて非推薦という烙印を押された政治家の多くが、今は与野党問わず政界の中心にあった。鳩山も昭和二十六年に追放が解除されて議会に復活し、この演説から十日後の昭和二十九年十二月、念願だった総理大臣に就任する。

だが戦後の復興に向けた課題は、依然として数多く、喧噪の中に日々をすごす政治家にとって、わずか十年あまり前のことも、もはや昔の記憶であったはずだ。それでも議場で拍手を贈るかつての非推薦候補たちは、この日尾崎末吉が語った、冨吉への惜別の言葉に耳を傾けながら、自らが選挙運動中に受けた数々の不当な干渉と、戦時中の暗い日々を、思い出さずにはいられなかったろう。

同じ日、国会では尾崎行雄に対する追悼演説も行われている。尾崎行雄もまた、この年の十月に、九十五歳の長寿で息を引き取っていたのである。

同じ翼賛選挙で刑事被告人となり、大審院刑事部の判決で無罪となった尾崎行雄と、大審院民事部の判決で選挙無効を勝ち取った冨吉栄二。二人が相次いで世を去り、共に国会で追悼されたのは、奇妙な縁でもあった。

演説から二十年あまりたって、尾崎末吉がわざわざ最高裁を訪ねたのは、冨吉らとともに戦ったあの裁判を、もう一度振り返りたいと願ったからに、違いない。

最高裁は昭和二十八〜二十九年に『大審院民事判例集』を出版している。だが、原本のない吉田の判決は、ここには収録されていない。吉田と相次いで言い渡されたとされる、鹿児島一区と鹿児島三区の判決も、未掲載である。この時期としては、昭和三十年に出版された選挙訴訟の判決を集めた最高裁の書籍の中に、吉田の判決と理由の要旨が、わずか二ページほど紹介されているのが、唯一の活字資料であった。

裁判がドラマになった影響だったのだろうか。昭和三十四年になって、最高裁は原告代理人だった弁護士の所龍璽から判決正本（弁護士に渡された原本の写し書き）を借りてきて、書記官に筆記させている。こうしてできあがった、いわば「写し書き」は七十七ページの冊子の形に整えられ、最高裁に所蔵された。

尾崎末吉の訪問を受けた最高裁は、吉田の判決がないかどうか、記録係に調査を命じている。最高裁の記録保管庫には、明治時代から現在まで、およそ八千件に上る裁判の記録が保管されている。だがこの時は、原本が見つからなかっただけでなく、どういうわけか昭和三十四年に作ったはずの「写し書き」があることも、気付かれなかった。

最高裁は尾崎に、「おそらく記録は全て空襲で焼けたのでしょう」と回答している。そして肩を落とす尾

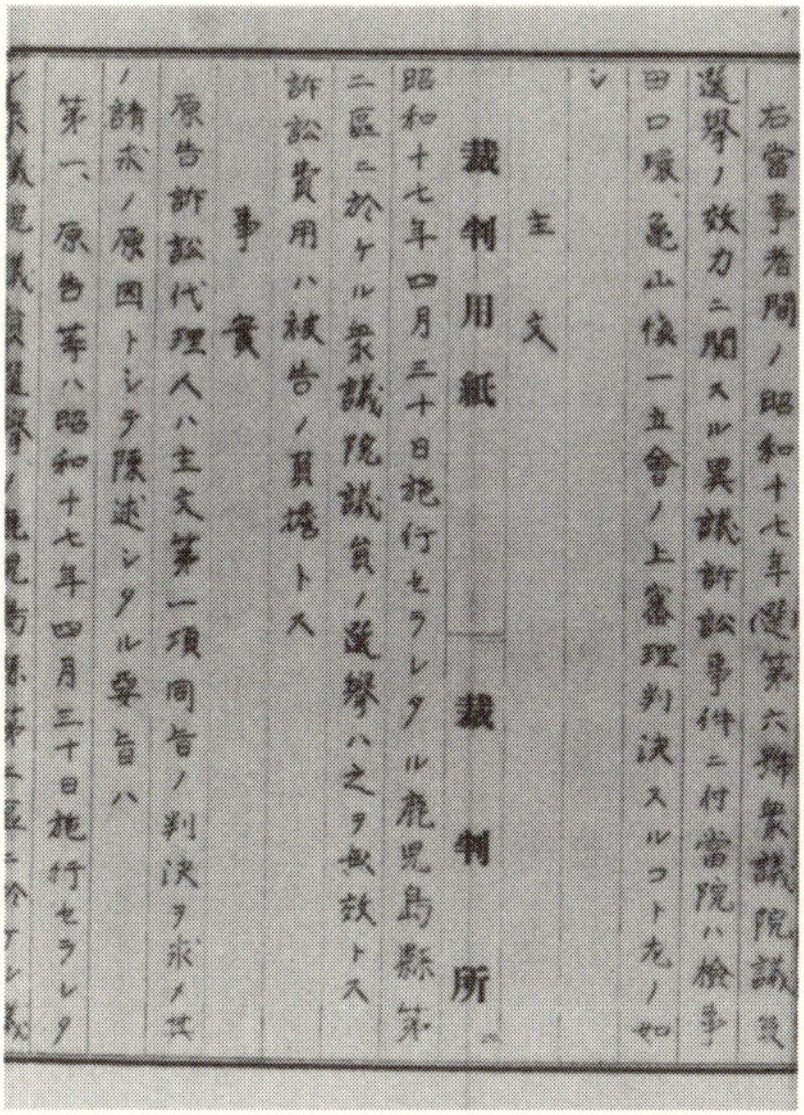
右當事者間ノ昭和十七年(選)第六號衆議院議員
選擧ノ效力ニ關スル異議訴訟事件ニ付當院ハ檢事
田口環、亀山慎一立會ノ上審理判決スルコト左ノ如
シ
主文
昭和十七年四月三十日施行セラレタル鹿児島縣第
二區ニ於ケル衆議院議員ノ選擧ハ之ヲ無效トス
訴訟費用ハ被告ノ負擔トス
事實
原告訴訟代理人ハ主文第一項同旨ノ判決ヲ求メ其
ノ請求ノ原因トシテ陳述シタル要旨ハ
第一、原告等ハ昭和十七年四月三十日施行セラレタ

裁判用紙　裁判所

所龍璽弁護士の元にあった判決文（『弁護士百年』より）

崎に、唯一書籍に掲載されていた二ページの判決要旨をコピーして、手渡している。

戦火を生き延びた「信頼」の証

だが、近年、焼失していたと見られていた判決原本が見つかったのである。

判決原本は、同じ最高裁の記録保管庫の未整理資料の中にあった。この資料を整理していた職員によって、偶然、発見された。紙は裏が透けるほど薄く、青い罫線の引かれた裁判所の原稿用紙に細い字のガリ版で記されていた。保存状態は良く、一ページの欠落や破れもないまま、言い渡された当時のきれいな状態で、残されていた。

見つかった原本の末尾。

そこには、各裁判官の自筆の署名捺印があった。この署名こそが、判決原本の「証拠」だ。先頭には裁判長判事として毛筆で「吉田久」と書かれ、捺印がされている。太く堂々とした筆跡で、ためらいは微塵もない。

続いて判事として「森田豊次郎」、「武富義雄」、「松尾實友」の自筆署名が続き、最後に「判事梶田年ハ出張中ニツキ署名捺印スルコト能ハス」と記され、もう一度吉田の署名がある。なぜ梶田は最後に署名できなかったのか、戦争末期にどこに出張したのかは、分かっていない。

それにしても、なぜ判決原本が残っていたのだろうか。

これには大審院長だった霜山精一が関わっている。吉田の判決を後押しし、後には共に貴族院議員も務めた霜山は、戦争末期の昭和二十年に、裁判資料が戦災に遭ってはならないと考え、記録を長野県の区裁判所に移して保管するよう、命じていたのである。もっとも、そのように命じられても、現場の職員としては運び出す手段がない。

同じ時期大審院書記長だった前田牧郎は戦後、「誠に苦心サンタンして残したものなのですよ」と語っている。前田は箱詰めの材料を探し、刑務所にかけあってトラックを借り受け、大審院の判決を次々と長野へ運び込んだのだ。

それでも吉田判決の言い渡しは三月一日、その九日後には東京大空襲で大審院は全焼している。このわずかの期間に、トラックで運び出す機会があったとは考えにくい。

前田はこの点も入念だった。係属している記録についても、保存する手はずを整えていたのである。空襲に備えて、担当の書記が記録を保管し、万が一の時には袋に入れ、かついで逃げることにしていたのだ。それでも間に合わない時には、階下に投げ落とすよう申し合わせていたという。

大空襲の夜も、大審院の書記たちは、民事だけで四百件に上る裁判記録を運び出し、焼失を免れたと前田は語っている。次々と焼夷弾が落下し、炎をあげる大審院の中を、職員たちは、記録を守るために走り回っていたのだ。吉田の判決も、この中の一つとして書記の手で大切に運び出されたのだろう。

不思議なことに、同じ時期に言い渡されたとされる、鹿児島一区と鹿児島三区の原告敗訴の判決は、今なお原本が確認できていない。あるいは、この二つは実際には言い渡されなかったか、もしくは判決が出ていたとしても、本当に焼失したのではないかと見られる。おそらく担当していた書記も、緊急時に持ち出すとしたらどの判決が大切なのか、価値を知っていたのだろう。

吉田自身は亡くなるまで、判決原本は焼失したと思いこんでいた。この裁判について人に語る時も、常に焼失したことを残念がっていたし、その結果、周囲もそう信じていた。

長い時を経て見つかった、貴重な判決原本は、記録係の職員によって厚紙で丁寧に製本され、再び、記録保管庫の中に納められた。

〝幻〟と呼ばれた判決。

その原本は、大審院と最高裁の、二つの組織にまたがって、職員たちの、手から手へと、引き継がれた。

そして、ようやく、本来あるべき場所に、戻されたのである。

あとがき

　久しぶりに、吉田久が住んでいた滝野川に向かった。

　かつて走っていた路面電車の停留所と同じ場所には、都営地下鉄の駅がある。そこから地上に出て、一つ西側の旧道に入ると、静かな商店街が広がっている。北へしばらく歩いて脇道へ曲がれば、かつて吉田が大審院に通うために歩いた路地が、今も全く同じように細く伸びている。

　その日、路地に入った私は、以前と様子が違うことに気付いた。ひび割れて雑草が生えていた路地のアスファルトが、きれいに敷き直されていたのである。

　そして、路地の奥にあって道をふさいでいた大きな井戸が、なくなっていた。

以前見た井戸は路地の中央に、地表から数十センチの高さで、丸く突き出ていた。ポンプもつけられないまま、重いコンクリートのふたが乗せられ、ずっと使われていないことは、一目で分かった。

私は、井戸の跡形もなく整備された路地に立って、しばらく呆然とした。そこは、本文にも記したが、かつて吉田が先妻を失ったころ、自ら光蔵さんのおしめを洗っていた、あの井戸だったのである。

かつて光蔵さんの話を聞いた帰り道、井戸の前にしばらくたたずんだことがある。じっと眺めていると、自らしゃがみ込んで、背中に幼子をおぶったまま、水を使う吉田の姿が浮かんでくるようだった。

この時、吉田はおしめを洗いながら、何を思っていたのだろう。貧しい中で司法官として立身を志した彼は、常に努力によって自らの道を切り開いてきた。だが、四人の幼い子供を残して妻に先立たれた時、吉田はいくら努力を重ねても避けることができない不幸に深い絶望を覚え、世の不条理を恨んだことであろう。

この経験は、貧しさの中から大審院部長に上りつめた苦労とともに、彼の裁判官としての哲学に、何らかの影響を与えたのではないかと思える。翼賛選挙訴訟の判決文からにじんでくるのは、不正に対する強い憤りである。吉田が温厚な人柄であり、大声を出すことすらなかったというのは、彼を知る誰もが口を揃えている。趣味は書道と能楽くらいで、裁判官である自らを律するためか、鬱屈を発散させる機会はなかった。晩年、吉田は家族に「裁判官は酒を飲んでも不覚になるまで酔うことができない、つまらないものだよ」と語っていたという。

だが若き日の憤りは、彼の胸の奥で種火となって灯され続けていたに違いない。再婚し子供たちが大きくなり、再び身辺が安定してからも、吉田はこの路地を通って、大審院へと向かった。その途中、井戸を見た吉田は、かつての自らの姿を、思い起こしたこともあったろう。

もちろん判決に私情を交えることなどあり得ないし、そのような文言はどこにもない。それでも翼賛選挙への判決文を起案する時、吉田の胸に去来したのは、苦労を重ねた彼が幾度も味わわされた、世の不条理だったのではないだろうか。

戦時中、政府が裁判官に対して求めたのは、社会の秩序維持であり、国家の番人としての役割であった。だが、吉田はどのような政治体制の元であろうとも、おかしいことはおかしい、と言い続けたいと考えていた。そうして、裁判官である自らの職責の限りにおいて、社会に不正があれば、それを正したいという理想を、保ち続けていたはずである。

間違いなく言えるのは、もし吉田がこの裁判を担当しなかったなら、翼賛選挙訴訟は全て、原告敗訴で終わっていたということだ。そうであれば、大審院は軍部に一致協力した組織として、戦後も強い批判を免れなかったと思われる。吉田の判決によって、原告らの請求を退けた他の選挙区の大審院判決や、国策に沿って判断すると明言するような判決は、国民から忘れてもらうことができた。極言すれば、吉田は（もちろん尾崎行雄に無罪を出した三宅正太郎もこれに加えるべきだが）司法の独立だけでなく、裁判所の信頼をも、守ったということができる。

一方でこの裁判は、終戦とその後の混乱という端境期を経たことに加え、大部分の記録の消失という不幸な事情によって、大津事件の児島惟謙《いけん》のように、広く一般に語り継がれることはなかった。昭和三十四年にテレビドラマとなったことは前に記したが、当時のテレビの普及率は低く、脚本も専門雑誌にごく一部しか残されていないこともあって、その後話題に上ることが少なかった。幾度か専門書や雑誌に「珠玉の名判決」と紹介されることはあったが、現在も判決の内容は、ほとんど知られていない。
それでも、あるベテラン裁判官は、先輩から「かつて戦時中、遺書を書いて国に逆らう判決を書いた裁判官がいる」と幾度も聞かされている。別の若手裁判官も、司法修習生時代に吉田の業績を上司から教わり感激したという。

吉田や陪席判事らの手になる勇気ある判決は、その詳しい内容は知られていなくても、現場の裁判官たちに今なお、力を与え続けているのである。

私はこの判決原本の存在を、司法クラブで最高裁を担当していた平成十七年に知り、翌年NHKのニュースの中で放送した。だが、なお分からないことも多く、およそ二年をかけて、週末や休暇を利用し、関係者のご遺族などを捜して、当時の話を聞かせてもらった。また、可能な範囲で当時の文献を読んでみた。できれば、この裁判だけではなく、翼賛選挙の実態と、吉田久が生きた戦時中の裁判所の姿を、伝えたいと考えたからである。

判決を言い渡した裁判官や原告など、当事者は全て世を去り、判決文を除く訴訟記録も見つからない中で、取材は暗闇を手探りで進むようなものだった。そもそも大審院という組織が、現在の最高裁判所とは大きく異なっており、吉田たちがどのような日常を送っていたのかさえ、簡単には分からなかった。

当時の専門誌としては「法律新聞」や「法律新報」などがあり、内部向けの雑誌として「法曹会雑誌」があったが、そのいずれも昭和十九年で一時休刊し、判決前後から終戦にかけての裁判所については、ほとんど同時代の活字資料がない状態であった。それでも、多くの関係者や研究者の方々から、貴重な談話や助言をいただき、何とか書き上げることができた。

残念ながら戦時中、組織としての裁判所は、司法の独立を完全に失っていたと言わざるを得ないだろう。

だが、国会がそうであったように、全ての裁判官が例外なく、軍の考えのまま一糸乱れずに行動していたとまでは思わない。別に吉田に限ったことではないが、むしろ口を閉ざして時局との関わりを避けつつ、自らの良心にのみ従って判決を出そうと、苦心を重ねていた裁判官も、多くいたのである。

取材者としては今も強く感じているが、一般に裁判官というのはその多くがずば抜けて頭がよい反面、社会や世間に対する適切な距離感を保つ能力に乏しく、結果として狭い世界に没入しがちな人間たちである。国民からは生の姿が見えにくい一方、わずか一文で人を社会的に抹殺し、あるいは実際の命までも奪いうる強力な権限を有する。それだけにその閉鎖性が、批判を受ける源であったりするが、雑音と感じる外部の言葉に耳をふさぐことは、その是非は別として、彼らの職業的な本能というべきなのだろう。戦時中の裁判官もまた、その精神構造は基本的に同じであったに違いない。いくら司法省や裁判所の幹部が、軍部や時局に対する協力を求めようとも、よく言えば柳に風、悪く言えば面従腹背し、大量の訴訟記録でできたカマクラに一人もぐり込んで、黙々と審理を続けた裁判官たちもまた多かったというのが、取材したもう一つの実感であった。

こうした消極的良識派とも言うべき裁判官の姿は、今回ほとんど取り上げることができなかった。しかし、取材を進めながら、実は吉田久もそうやって戦時中を生きた、無名の裁判官たちの代表にすぎないのではないかと思ったりした。

吉田は戦後、翼賛選挙訴訟の判決を振り返って、こう記している。

「私は、この判決をするにもいささかの政治理念には左右されなかった。もし、判決が時の政治理念を支えてなされたとするならば、その判決は不純であり、死んでいると考える」

この言葉は、吉田が語ったからこそ、重い意味を持つ。だが、吉田自身はこの一文を回想の中ほどで、さらりとしたためており、別段万感の思いを込めたつもりもないようだ。吉田は裁判が政治に左右されてはならないことなど当たり前だし、全ての裁判官にとって自明のことだと考えていたのだろう。

この言葉が、当たり前であり続ける司法であることを強く望んで、結びとしたい。

平成二十年六月末日

著　者

謝辞

吉田久、武富義雄、松尾實友、霜山精一の各ご遺族はじめ、冨吉遼氏（冨吉栄二子息）、吉田豊氏（東京学芸大学名誉教授・弁護士）、久野修慈氏（塩水港精糖株式会社会長・精糖工業会会長）にも、貴重なお話を聞かせていただきました。また、翼賛選挙訴訟を研究しておられる北九州市立大学の矢澤久純准教授と、鹿児島で冨吉栄二を研究されている松永明敏氏には、特に有益なご指導やご助力を受けました。このほか戦前の法曹界を知る方々や、ここに実名をあげることができない取材先の方々、「新潮新書」編集部の後藤裕二氏と内田浩平氏にも、様々なご指摘や励ましをいただきました。みなさまへ深く感謝申し上げます。

なお、吉田久の判決は、現在吉見義明、横関至編『資料　日本現代史5（翼賛選挙2）』（大月書店）で、全文を読むことができます。

●主要参考資料一覧

〈吉田久に関する参考資料〉

吉田久「わたしのこしかた」(「中央大学学報」三十一巻六号、三十二巻一号、昭和四十三〜四十四年、中央大学総務部)
泉徳治「吉田久大審院判事のことなど」(「法曹」655号、平成十七年五月号、法曹会)
野村正男『法窓風雲録　上・下』(昭和四十一年、朝日新聞社)
大津皓一「大審院――ある裁判官の記録――」昭和三十四年五月六日、十三日KRTV放送用脚本(「法学セミナー」四十一号・昭和三十四年八月号、日本評論社)
渡辺好人『我一人我が道を行く』(昭和四十八年、法曹公論社)
大日本司法大観編纂所編『大日本司法大観　昭和十五年版』(昭和十五年、大日本司法大観編纂所)
最高裁判所事務総局編『大審院民事判例集　第二十一巻』(昭和二十八年、法曹会)
最高裁判所事務総局編『大審院民事判例集　第二十二巻』(昭和二十八年、法曹会)
最高裁判所事務総局編『大審院民事判例集　第二十三〜二十五巻』(昭和二十九年、法曹会)
憲法調査会編「浅井清氏に聞く」(国会図書館蔵・昭和三十六年)
佐藤達夫『日本国憲法成立史　第二巻』(昭和三十九年、有斐閣)
鳩山一郎『鳩山一郎・薫日記　上巻』(平成十一年、中央公論新社)
武富潔「燦燦」第十三号(同人誌・平成十九年)

〈翼賛選挙訴訟に関する参考資料〉

吉見義明、横関至編『資料　日本現代史4——翼賛選挙1』(昭和五十六年、大月書店)
吉見義明、横関至編『資料　日本現代史5——翼賛選挙2』(昭和五十六年、大月書店)
矢澤久純「第二一回衆議院議員選挙鹿児島第二区無効判決と司法権の独立」(「法学新報」百八巻二号、平成十三年、中央大学出版部)
矢澤久純「第二一回衆議院議員選挙鹿児島第二区無効判決・続論」(「北九州市立大学法政論集」第三十五巻第二・三・四合併号、平成二十年、北九州市立大学法学会)
松永明敏他著『鹿児島近代社会運動史』(平成十七年、南方新社)
東京12チャンネル報道部編『証言　私の昭和史3』(昭和四十四年、學藝書林)
「翼賛選挙に無効の判決」(「サンデー毎日特別号」、昭和三十三年五月、毎日新聞社)
法令研究会編纂『改正衆議院議員選挙法示解　普通選挙法』(大正十四年、敬文社出版部)
最高裁行政局『選挙関係行政事件裁判例要旨集』(昭和三十年、最高裁行政局)
玉起寿芳編『えらぶの西郷さん』(昭和六十三年、和泊西郷南洲顕彰会)

〈戦時中の裁判所に関する参考資料〉

法務省大臣官房司法法制調査部編『続司法沿革誌』(昭和三十八年)

家永三郎『司法権独立の歴史的考察』（昭和三十七年、日本評論社）
「法律新報」（昭和十八〜十九年）
「法律新聞」（昭和十八〜十九年）
下飯坂潤夫「緑蔭雑記」（「法曹」49号、昭和二十九年、法曹会）
丁野暁春「司法権独立運動の証言1〜7」（「法学セミナー」昭和四十五年十月号〜昭和四十六年四月号、日本評論社）
丁野先生還暦記念会編『丁野先生と私』（昭和三十二年、自費出版）
高山京子「赤れんが棟を歩く」（「法曹」666〜670号、平成十八年四月号〜八月号、法曹会）
田中二郎他　座談会「行政裁判所の回顧――沢田竹治郎・田中真次両氏に聞く（特集・行政事件訴訟法の十年）」（「ジュリスト」昭和四十八年三月一日号、有斐閣）
岩松三郎『ある裁判官の歩み』（昭和四十二年、日本評論社）
戦没法曹関係職員三十三回忌記念「鎮魂」（昭和五十六年、自費出版）
美濃部達吉『公法判例評釈　昭和十四年度』（昭和十五年、有斐閣）
美濃部達吉『公法判例評釈　昭和十七年度』（昭和二十年、有斐閣）
山本祐司『最高裁物語（上・下）』（平成六年、日本評論社）

〈翼賛選挙に関する参考資料〉

斎藤隆夫『回顧七十年』（昭和六十二年、中公文庫）

二階堂進『己を尽して――私の履歴書』（昭和六十一年、日本経済新聞社）

三国一朗編「『非推薦』翼賛選挙（三木武夫）」（『昭和史探訪④』、昭和四十九年、番町書房）

大野伴睦『大野伴睦回想録　義理人情一代記』（昭和三十九年、弘文堂）

安藤正純『講和を前にして　附・追放の白書』（昭和二十六年、経済往来社）

宮崎吉政『日本宰相列伝19　鳩山一郎』（昭和六十年、時事通信社）

鳩山一郎『鳩山一郎回顧録』（昭和三十二年、文藝春秋新社）

横越英一「無党時代の政治力学（二）――大政翼賛会の成立から大日本政治会の解散まで」（「名古屋大学法政論集」33、昭和四十年十二月、名古屋大学大学院法学研究科）

今井清一「横行した露骨な干渉・翼賛選挙――昭和史の瞬間43」（「朝日ジャーナル」昭和四十年十月、朝日新聞社）

粟屋憲太郎『昭和の歴史　第6巻　昭和の政党』（昭和五十八年、小学館）

楠精一郎『大政翼賛会に抗した40人　自民党源流の代議士たち』（平成十八年、朝日選書）

内藤一成『貴族院』（平成二十年、同成社）

加地直紀「翼賛選挙と尾崎行雄――尾崎の政治思想との関連」（「平成法政研究」第九巻二号・平成十七年三月、平成国際大学法政学会）

中村勝範「翼賛選挙と旧政党人」（大麻唯男伝記研究会編『大麻唯男　論文編』、平成八年、櫻田會）
奥健太郎「翼賛選挙と翼賛政治体制協議会――その組織と活動」（寺崎修・玉井清編『戦前日本の政治と市民意識』、平成十七年、慶應義塾大学出版会）
正田浩由「近衛新体制から翼賛選挙に至るまでの議会と政党政治家の動向」（『早稲田政治経済學雑誌』369号、平成十九年、早稲田大学政治経済学会）
玉井清・加藤秀治郎「NHK知るを楽しむ　歴史に好奇心『いつなぜ日本の選挙制度』」（平成二十年四月、五月、日本放送出版協会）
古川隆久『戦時議会』（平成十三年、吉川弘文館）
古川隆久『昭和戦中期の議会と行政』（平成十七年、吉川弘文館）
「第21回総選挙翼賛政治体制協議会推薦候補者名簿」（国会図書館所蔵・中原謹司文書）
『衆議院議員選挙の実績　第1～30回』（昭和四十二年、公明選挙連盟）

〈その他〉
東京都編『東京都戦災誌』（平成十七年、明元社）
「帝国議会議事録」
「国会議事録」

清永聡　1970(昭和45)年福岡県生まれ。ＮＨＫ記者。93 年広島大学文学部独語科卒。同年ＮＨＫ入局。98年より報道局社会部記者。司法クラブで最高裁判所など担当する。

Ⓢ新潮新書

275

気骨《きこつ》の判決《はんけつ》

東條英機《とうじょうひでき》と闘《たたか》った裁判官《さいばんかん》

著者　清永聡《きよながさとし》

2008年8月20日　発行
2009年7月25日　2刷

発行者　佐藤隆信

発行所　株式会社新潮社

〒162-8711　東京都新宿区矢来町71番地
編集部(03)3266-5430　読者係(03)3266-5111
http://www.shinchosha.co.jp

印刷所　大日本印刷株式会社

製本所　加藤製本株式会社

ISBN978-4-10-610275-2　C0221

価格はカバーに表示してあります。

Ⓢ新潮新書